LONELY planet

LO MEJOR · VIDA LOCAL · GUÍA PRÁCTICA

CRACOVIA

DE CERCA

AF276728

ANNA KAMINSKI

Sumario

Puesta a punto

Ul Grodzka, cerca de la colina de Wawel (p. 37).
SOLARISYS/SHUTTERSTOCK ©

Bienvenidos a Cracovia

Para quienes crean en leyendas, Cracovia se fundó tras la derrota de un dragón, y es verdad que aún hoy un aire mitológico impregna sus callejas y plazas medievales. Sin embargo, esta regia excapital de Polonia es mucho más que historia y mitos. Las calles laten con pulso actual, creando una fusión melodiosa de pasado y presente.

Plaza del Mercado (p. 67), Ciudad Vieja.
MARIA AND ANNA PHOTOGRAPHY/SHUTTERSTOCK

Las mejores experiencias

TTSTUDIO/SHUTTERSTOCK ©

**Visitar el
Castillo Real
de Wawel
(p. 38)**

JAROSLAV MORAVCIK/SHUTTERSTOCK ©

**Sumergirse
en Rynek
Underground
(p. 56)**

MATT MUNRO/LONELY PLANET ©

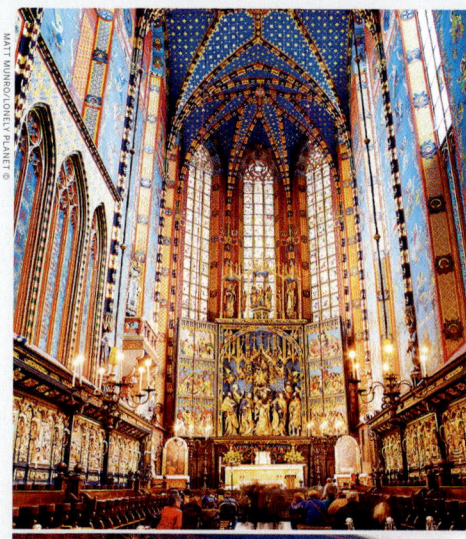

Embobarse en la basílica de Santa María (p. 54)

Admirar la arquitectura del Collegium Maius (p. 58)

KRZYSZTOF DYDYNSKI/LONELY PLANET ©

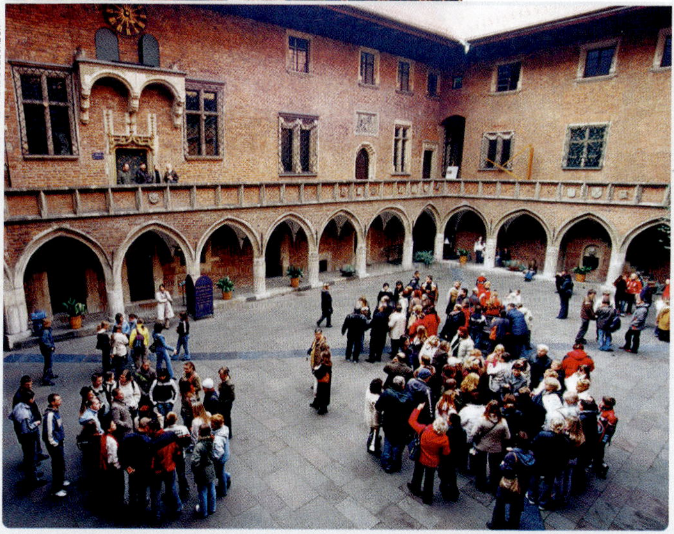

Adentrarse en la historia en la Fábrica de Schindler (p. 100)

DIEGOGRANDI/GETTY IMAGES ©

KRZYSZTOF DYDYNSKI/LONELY PLANET ©

Conocer el pasado en el Museo Judío de Galitzia (p. 78)

Reflexionar en el Museo y monumento conmemorativo de Auschwitz-Birkenau (p. 134)

Descubrir la mina de sal de Wieliczka (p. 138)

Dónde comer

MATT MUNRO/LONELY PLANET ©

Cracovia es un edén gastronómico. En la Ciudad Vieja hay restaurantes para todos los bolsillos, muchos en bodegas abovedadas o patios. Además de gastronomía polaca se encontrará cocina italiana, francesa, india, de Oriente Medio, japonesa, mexicana, etc. En Kazimierz muchos restaurantes sirven platos judíos.

Cocina polaca

Si no se ha comido *pierogi* (foto superior dcha.), empanadillas de queso, carne picada, patata o *chucrut*, no se ha probado la comida polaca. También se recomiendan los *gołąbki* (rollitos de col rellenos de ternera y arroz) –no confundirlos con el *golonka* (codillo cocido de cerdo)–. Aparte de platos caseros consistentes, hay muchos restaurantes de nueva cocina polaca que preparan platos creativos con ingredientes de temporada.

Gastar poco

A los viajeros con poco presupuesto les va a encantar Cracovia porque encontrarán económicos *bar mleczny* ("bares de leche"), donde sirven asequible comida polaca que suele estar expuesta en un mostrador para que uno sepa exactamente lo que va a comer. También hay económicos restaurantes asiáticos, de kebab y bares vegetarianos y veganos. En el otro extremo, no escasean los establecimientos de alta gastronomía.

Comida callejera

En Cracovia la oferta de comida callejera es amplia. Los *obwarzanek* (p. 70) son *pretzels* enormes que se venden en la calle. La Plac Nowy de Kazimierz es la zona cero para la "*pizza polaca*": *zapiekanka* (media *baguette* abierta, con queso y salsa de tomate; foto superior izda.). Aquí también han llegado los *food truck* y hay algunos repartidos por Kazimierz y el oeste de Cracovia, pero también por el norte de la Ciudad Vieja.

Comida polaca tradicional

Kuchnia u Babci Maliny Cocina tradicional con excelente relación calidad-precio. (p. 71)

Goose Restaurant Muestra la otra cara de la cocina polaca: platos refinados como el ganso y el pato. (p. 108)

Miód Malina Cocina rústica y uno de los favoritos de Wawel. (foto sup. dcha.; p. 48)

Pod Aniołami Bodega gótica con jabalí en la carta. (p. 48)

Kuchnia u Doroty Estofados consistentes, tortitas de patata y *pierogi*. (p. 92)

Comida polaca moderna

Pierwszy Stopień Platos de base vegetal. (p. 91)

Bottiglieria 1881 Restaurante con estrella Michelin que presenta menús de temporada. (p. 89)

Nota Resto Ofrece sabores atrevidos y clásicos polacos reinventados por el chef del equipo de fútbol. (p. 67)

Art Restaurant Ingredientes de temporada y una presentación ejemplar. (p. 47)

Comida internacional

Krako Slow Wines Barbacoa caucásica, sándwiches de *hummus,* café y cerveza artesana. (p. 108)

Molám Thai Cocina tailandesa callejera y cócteles de infarto. (p. 119)

Salute! Platillos mediterráneos y excelente carta de vinos. (p. 108)

Farina Imaginativos platos de pescado y marisco en un marco sofisticado. (p. 68)

Consejos

o En los *bar mleczny* y restaurantes autoservicio, el cliente debe recoger su mesa.

o El servicio es lento. Para ir más rápidos, se puede recoger una carta en la entrada del restaurante; suelen estar junto a la puerta.

Bares y cafés

La plaza del Mercado está rodeada de bares y cafés con terrazas desde donde ver el carrusel humano. Kazimierz también es una animada zona de bares concentrada en Plac Nowy y las calles aledañas. Últimamente ha aparecido otro hervidero de cafés y bares en torno a Plac Wolnica, en la zona oeste de Kazimierz.

¿Bar o café?

En Cracovia cuesta distinguir un bar de un café. Principalmente hay dos tipos de locales: los cafés creativos que además sirven bebidas alcohólicas y los bares bohemios que también sirven café. En ambos se puede picar algo. Es más, la oferta de cafés se ha expandido mucho en los últimos años, con infinidad de tostadores que sirven expresos excepcionales y cafés de filtro de origen único preparados de muchas formas diferentes.

Vodka, cerveza y vino

La bebida nacional polaca, el *wódka* (vodka), suele beberse en chupitos. La variedad es enorme, desde el dulce al extra seco. No obstante, últimamente los polacos se están decantando por la *piwo* (cerveza) y el vino, porque el cambio climático hace que sea posible la vitivinicultura en Polonia, y que los vinos europeos sean asequibles y fáciles de encontrar. Hay muchos bares de vinos, pero también cerveceras artesanas

y *pubs,* sobre todo en Kazimierz y la Ciudad Vieja.

Cafés

Mleczarnia Cafetería de Kazimierz como las de antes donde no faltan las velas. (en la foto; p. 95)

Cafe Pianola El café está rico pero destacan los interiores renacentistas. (p. 50)

Dziórawy Kocioł A los niños les encantarán los vínculos con Harry Potter. (p. 50)

Somnium La mejor cafetería de especialidad de Kazimierz es un buen refugio si llueve. (p. 94)

Knitted Coffee Para combinar el ganchillo (*knitting*) y unos cafés de origen único mayúsculos. (p. 110)

FILIP STANCZYK/LONELY PLANET ©

Bares

Forum Przestrzenie Copas fantásticas en un lugar privilegiado junto al río. (p. 110)

Piwiarnia Warka Bar deportivo con una terraza plácida para observar a la gente. (p. 122)

Pauza Garito de moda en la Ciudad Vieja, con un ambiente artístico e intelectual. (p. 73)

Hevre Esta antigua casa de oración judía se anima las noches del fin de semana. (p. 94)

Cerveza artesana

Omerta Garito con *El padrino* como tema y 28 cervezas de barril. (p. 96)

Weźże Krafta Cervecería con terraza, de factura industrial y decorada con murales, con 25 cervezas rotativas. (p. 96)

T.E.A. Time Brew Pub Para tomarse una *real ale* (o una tabla con cinco diferentes) de fabricación propia. (p. 96)

House of Beer Tiene más de 200 cervezas de botella y 21 de barril. (p. 73)

DroPub Bar insignia, con un patio, de la microcervecera Brokreacja, con cerveza para cada paladar. (p. 50)

Cócteles y vino

Mercy Brown Quizá es la coctelería más peculiar de Cracovia. (p. 121)

Czarna Owca Muchos vinos por copa, ambiente agradable y tapas fabulosas. (p. 96)

NOTO Wine Bar Lugar minimalista de moda, con una selección de vinos polacos. (p. 97)

De compras

En Cracovia hay tiendas muy diversas, que venden desde camisetas horteras a exquisita cristalería. Las más interesantes están principalmente en la Ciudad Vieja y Kazimierz. Un punto de partida obvio sería el mercado de recuerdos de la Lonja de los Paños en la plaza del Mercado.

Recuerdos polacos

Hay muchos sitios donde encontrar el recuerdo polaco perfecto. Con una comida o bebida polaca seguro que se acierta. El vodka sería lo más típico, pero el país también produce chocolates, miel y mermelada que están muy buenos. La cristalería y cerámica tienen buena fama, sobre todo los coloridos platos, tazas y jarras de Bolesławiec, al oeste del país.

Ámbar, ámbar, ámbar

El ámbar, u "oro del Báltico", es resina de árboles fosilizada que suele encontrarse en las costas del mar Báltico. Tras cortarla y pulirla, se convierte en una bonita 'piedra' semipreciosa (en la foto) que decora anillos, collares o broches, y Cracovia cuenta con infinidad de galerías con hermosos y originales diseños y engastes. Se recomienda darse una vuelta antes porque los precios varían mucho de un sitio a otro.

Anticuarios y mercadillos

Cracovia es un lugar excelente para comprar antigüedades y gangas de segunda mano. En la Ciudad Vieja hay muchas tiendas exclusivas, con bonitos anticuarios renovados que venden joyas, relojes y accesorios, mientras que Kazimierz (en la foto; p. 77) es un buen sitio donde rebuscar entre objetos que benévolamente se podrían llamar trastos (quién sabe, quizá se encuentra alguna joya).

CHRISPICTURES/SHUTTERSTOCK ©

Objetos de regalo y recuerdos

Kacper Ryx Asombroso surtido de posibles regalos polacos. (p. 75)

Kobalt Pottery & More Platos, tazas y jarrones con vistosos diseños del taller en Bolesławiec. (p. 51)

World of Amber Todo un mundo de bonita resina petrificada. (p. 51)

Diseño polaco

Szpeje Pósteres, postales y tazas retro de la época comunista. (p. 83)

Galeria Plakatu Vieja tienda con pósteres de clásicos del cine. (p. 75)

Dydo Poster Gallery El arte del cartelismo en todo su esplendor. (p. 123)

Lookarna Illustrations Postales, carteles y marcadores de libro originales y hechos a mano. (p. 97)

Anticuarios y tiendas de curiosidades

Iris Galerie Para hacerse una ampliación del iris y convertirlo en obra de arte. (p. 75)

Salon Antyków Pasja Tres salas llenas de viejos mapas, muebles, cuadros y relojes. (p. 75)

Antykwariat na Kazimierzu Arcón de curiosidades en el caótico sótano de la Fundación Judaica. (p. 97)

7th Continent Mascotas en poses heroicas y Hillary Clinton como la Mujer Maravilla. (p. 83)

Consejo

Al este de Cracovia, los domingos por la mañana, el mercadillo **Unitarg Hala Targowa** (p. 131) vende desde reliquias de guerra a bonitas piezas de colección. Hay que ir antes de las 9.00 para encontrar la mejor selección.

Lugares históricos

La historia de la antigua capital del Reino de Polonia se lee como una epopeya novelada, trufada de capítulos en los que parece que todo está perdido pero que, en el último momento, recupera su grandeza.

Capital del reino

Situada a los pies del Castillo Real de Wawel, Cracovia se convirtió en la capital de Polonia en el año 1038. Los tártaros la arrasaron en 1241, pero sus emprendedores residentes la trasladaron a su actual ubicación en torno a la plaza del Mercado y la cercaron con murallas infranqueables. Con Casimiro III el Grande (1333-1370), la ciudad prosperó.

Derribo y decadencia

La ciudad perdió su rango en 1596 cuando trasladaron la capital a Varsovia, pero en Cracovia siguieron celebrándose coronaciones y sepelios reales. El traslado propició varios siglos de decadencia, que culminaron con la decisión del Imperio austrohúngaro invasor de relegar la ciudad a la provincia periférica de Galitzia en el s. XIX.

Guerra mundial y comunismo

Después de la I Guerra Mundial, Cracovia volvió a prosperar, pero la II Guerra Mundial aguardaba a la vuelta de la esquina. Los nazis la ocuparon y asesinaron a la élite académica de la ciudad y mataron a decenas de miles de ciudadanos judíos en el marco del Holocausto. El régimen comunista añadió más penas con la construcción de una fundición extremadamente contaminante en Nowa Huta.

BORISB17/SHUTTERSTOCK ©

Historia real

Castillo Real de Wawel
El centro del poder durante
cinco siglos y el imperece-
dero emblema del Estado
polaco. (p. 38)

Collegium Maius El edificio
universitario en pie más antiguo de Polonia, símbolo de
influencia nacional. (p. 58)

Lonja de los Paños Foco de
atención de la plaza del Mercado y centro del comercio
textil de Cracovia en la Edad
Media. (en la foto; p. 64)

Iglesias

Basílica de Santa María
Sus dos torres desiguales
son un símbolo de la ciudad.
(p. 54)

Catedral de Wawel Testigo
de innumerables coronaciones y la última morada de

monarcas y héroes polacos.
(p. 40)

**Basílica de San Francisco
de Asís** Iglesia con fantásticos vitrales *art nouveau*.
(p. 46)

Museos

Rynek Underground Los
holocramas y la magia
audiovisual prometen una
experiencia "donde conflu-
yen la Edad Media y el s. XXI".
(p. 56)

Museo de la Farmacia Uno
de los mejores del mundo en
su categoría, con infinidad
de antiguos equipos de
laboratorio e instrumentos
farmacéuticos. (p. 64)

**Museo de Historia de
Cracovia** Exposición cauti-
vadora e interactiva sobre la
historia de la ciudad, desde
sus orígenes a la I Guerra
Mundial. (p. 65)

Merece la pena

A 12 km del centro, la **abadía benedictina
de San Pedro y San Pablo** (www.benedyk
tyni.eu) se alza junto al Vístula. Para llegar,
se puede tomar el autobús nº 112 o seguir
el camino que bordea el río en bicicleta.

Música

MEUNIERD/SHUTTERSTOCK ©

El principal centro cultural del sur de Polonia es rico en artes escénicas, música clásica y ópera. Cracovia, con una larga tradición jazzística, cuenta con algunos de los clubes de jazz con más historia del país. Los miles de estudiantes garantizan una animada oferta alternativa y de clubes, con espectáculos en fábricas rehabilitadas y zonas fabriles.

Gusto musical refinado

Los cracovianos disfrutan de excelentes instituciones culturales, como la ópera sorprendentemente moderna, al este de la ciudad, y una orquesta filarmónica, con sede propia en el lado oeste. La temporada de conciertos va de otoño a primavera, con festivales y eventos musicales que llenan los vacíos en épocas de menor actividad.

Música clásica y ópera

Opera Krakowska El edificio es llamativo y moderno, y la programación abarca todas las épocas. (en la foto; p. 130)

Filarmónica de Cracovia Sede de una de las mejores orquestas del país. (p. 123)

'Jazz'

Harris Piano Jazz Bar *Jazz* del bueno en un evocador espacio debajo de la plaza del Mercado. (p. 73)

Piano Rouge Opulento club y restaurante subterráneo con conciertos diarios a las 21.00. (p. 74)

Jazz Club u Muniaka Famosa sala de *jazz* a dos pasos de la plaza del Mercado. (p. 74)

Música en directo

Alchemia Emblemático café con música en directo. (p. 96)

Piwnica Pod Baranami *Pub* maravilloso, con noches puntuales de cabaré, *jazz* o *jam sessions*. (p. 61)

Consejo

La barroca **iglesia de San Pedro y San Pablo** (p. 50) organiza conciertos de música clásica por la noche para turistas. Venta de entradas en la puerta o en las oficinas de InfoKraków.

Arte

Como excapital de un país profundamente católico, Cracovia atesora una asombrosa colección de arte religioso en iglesias y museos. También fue el centro del movimiento Młoda Polska (Joven Polonia) de artes visuales a principios del s. XX que dejó en la ciudad un impresionante patrimonio art nouveau.

OLEKSANDR SAVCHUK/SHUTTERSTOCK ©

'La dama del armiño'

La obra de arte más valiosa de la ciudad es *La dama del armiño* de Leonardo da Vinci. El lienzo del s. XV es solo uno de los retratos que Leonardo hizo de la mujer. Los alemanes la robaron durante la II Guerra Mundial pero los estadounidenses la recuperaron. Se expone en el reformado Museo Czartoryski (en la foto; p. 64).

Museos

Museo Nacional Incomparable colección de arte contemporáneo en un edificio monolítico. (p. 116)

Palacio del Obispo Erazm Ciołek Intachable colección de escultura y pintura religiosa de los ss. XII-XVIII. (p. 46)

Stanisław Wyspiański Museum Museo a menudo ignorado que exhibe las obras de Stanisław Wyspiański, vidriero del movimiento Joven Polonia. (p. 118)

Museo de Arte Contemporáneo de Cracovia Pinturas y artes plásticas modernas y vanguardistas, al lado de la Fábrica de Oskar Schindler. (p. 106)

Galerías

MuFo Rakowicka Especializada en fotografía a lo largo de la historia. (p. 128)

Starmach Gallery Pintura y escultura polaca contemporánea en una antigua casa de oración judía. (p. 111)

Galeria Dyląg Galería privada con obras de las décadas de 1940 a 1970. (p. 75)

Galeria Plakatu Los elaboradísimos pósteres de películas ocupan cualquier recoveco de esta galería. (p. 75)

Arquitectura

Los estilos arquitectónicos de Polonia han seguido las tendencias de Europa occidental a lo largo de los años. Del más antiguo, el románico del s. XII, queda poco, pero sí que se conservan numerosos ejemplos del gótico, Renacimiento, barroco y art nouveau.

Alto gótico

La arquitectura gótica, con sus arcos ojivales y sus bóvedas de crucería, empezó en el s. XIV y duró unos 200 años. Se asocia al próspero reinado de Casimiro III el Grande y se puede ver en iglesias como la catedral de Wawel y la basílica de Santa María.

Renacimiento

La arquitectura renacentista nació en Italia y se extendió por Europa central en el s. XVI, coincidiendo con la época culminante del poder de Cracovia. Buenos ejemplos son la Lonja de los Paños, ubicada en la plaza del Mercado, y los patios en el Castillo Real de Wawel.

Barroco y neoclásico

El barroco, estrechamente ligado a la Iglesia católica, eclipsó al resto de estilos artísticos en el s. XVII. Profusamente decorativo, añadió suntuosidad a los interiores de la arquitectura ya existente, sobre todo en iglesias. En Cracovia están los monumentos barrocos más bonitos de Polonia.

'Art nouveau' y realismo socialista

Las líneas sinuosas del *art nouveau* son evidentes en edificios engalanados por los artistas locales Józef Mehoffer y Stanisław Wyspiański. Aunque el período comunista trajo un declive arquitectónico, el barrio de Nowa Huta presume de una cara más positiva de la arquitectura realista socialista.

Gótico

Iglesia de Santa Catalina
Enorme iglesia del s. XIV en toda su grandiosidad gótica original. (p. 81)

Basílica de Santa María La iglesia emblemática de Cracovia tiene el altar gótico más impresionante de Polonia. (p. 54)

Basílica de la Santa Trinidad La iglesia dominica tiene un maravilloso portal gótico. (p. 65)

Renacimiento

Lonja de los Paños Destila armonía y proporcionalidad en la plaza del Mercado. (p. 64)

Castillo Real de Wawel Los patios porticados reflejan Cracovia en la cúspide de su poder. (p. 38)

Barroco

Iglesia de San Pedro y San Pablo Estatuas llamativas custodian el exterior del

primer edificio barroco de Cracovia. (p. 45)

Iglesia de Santa Ana Uno de los mejores ejemplos de barroco clásico de Polonia. (p. 66)

'Art nouveau'

Cafe Noworolski Asombrosos interiores *art nouveau* del artista polaco Józef Mehoffer. (p. 61)

Palacio de Bellas Artes El edificio más impresionante en Plac Szczepański. (p. 65)

Realismo socialista

Forum Przestrzenie Hotel brutalista reformado en estilo retro. (en la foto; p. 110)

Arka Pana Iglesia brutalista con increíbles vitrales. (p. 133)

Teatr Ludowy Buen ejemplo de austeridad realista socialista de la década de 1950. (p. 133)

Merece la pena

Es una gozada pasear por el oeste de Cracovia, con tantos edificios *art nouveau* en sus calles, con fachadas elaboradas e inscripciones en latín.

Patrimonio judío

EUNIKASOPOTNICKA/GETTY IMAGES ©

Cracovia –y en particular Kazimierz– fue un destacado centro de la vida judía durante siglos. Esta vitalidad cultural desapareció de la noche a la mañana a causa de la deportación y exterminio masivos de judíos a manos de los nazis durante la II Guerra Mundial. Este legado ha dejado en la ciudad el conjunto patrimonial judío más importante de Europa central.

Museos

Museo Judío de Galitzia Recuerda a las víctimas judías del Holocausto y repasa la historia judía de Galitzia, antigua región austrohúngara. (p. 78)

Sinagoga Vieja Es del s. xv y alberga una exposición de objetos litúrgicos judíos. (p. 86)

Fábrica de Schindler Museo interactivo sobre la ocupación nazi de Cracovia en la II Guerra Mundial; ocupa la antigua fábrica de esmaltados de Oskar Schindler. (p. 100)

Farmacia Bajo el Águila En esta antigua farmacia se explica la historia del dueño Tadeusz Pankiewicz, que ayudó a los vecinos judíos en la II Guerra Mundial. (p. 105)

Sinagogas

Sinagoga Alta Es la tercera sinagoga más antigua de Cracovia (1560 aprox.). (p. 87)

Sinagoga Remuh Es la más pequeña de la zona y una de las pocas que ofician servicios religiosos con regularidad. (p. 88)

Sinagoga de Isaac La sinagoga más grande de Cracovia ha sido restaurada y acoge la exposición "En recuerdo de los judíos polacos". (p. 88)

Otros lugares de interés judío

Cementerio Remuh Es minúsculo, está junto a ul Szeroka, en Kazimierz, y sufrió pocos daños durante la II Guerra Mundial. (en la foto; p. 86)

Nuevo cementerio judío Es muy conmovedor y alberga 9000 tumbas, que dan fe de lo grande que era la judería. (p. 127)

Consejo

La **librería Austeria** (p. 97), en la planta baja de la sinagoga Alta, en Kazimierz, tiene una excelente sección de literatura judía y del Holocausto en inglés, además de pósteres.

Con niños

Los polacos son muy familiares, de ahí que haya tantas actividades para niños en la ciudad. Cada vez hay más restaurantes con zonas de juegos y menús infantiles. Los niños de hasta 15 años (gratis los menores de 5 años) pagan la mitad de la entrada en las atracciones, y los más pequeños viajan gratis en el transporte público.

MIKOLAJ NIEMCZEWSK/SHUTTERSTOCK ©

Las mejores atracciones interactivas

Museo de Ingeniería y Tecnología Lleno de tranvías y camiones, experimentos magnéticos y acuáticos, y tecnología diversa. (p. 88)

Jardín de la Ciencia Stanisław Lem Exposiciones sobre las propiedades de la óptica, la mecánica y la acústica. (p. 127)

MICET Dirigido a actores y directores de teatro en ciernes y a aquellos niños que quieran crear sus propias escenografías y vestuario. (p. 65)

Actividades al aire libre

Parque Jordan Muchas zonas de juego, estructuras de escalada y una pista de patinaje sobre hielo (dicmar). (en la foto; p. 117)

Przystań Brzegi Una playa de arena, una máquina de hacer espuma y toboganes hinchables en estos dos embalses. (p. 128)

Cantera Zakrzówek Para bañarse en cinco piscinas vigiladas por socorristas y brincar sobre muelles de madera. (p. 119)

Bajo la lluvia

Rynek Underground Los hologramas y los efectos audiovisuales encandilarán a los críos. (p. 56)

Museo de Vidrieras A los niños más mayores les encantará elaborar sus propias vidrieras. (p. 117)

Mina de sal de Wieliczka Hay que impedir que los niños laman las paredes en la atracción subterránea más famosa de Polonia. (p. 138)

Consejos

Buscar el folleto Kids in Kraków (www.kidsinkrakow.pl) en oficinas de InfoKraków.

Hay cambiadores en los museos más nuevos y en centros comerciales como **Galeria Krakowska** (p. 143).

Cracovia inadvertida

PIOTR GRZYWNA/SHUTTERSTOCK ©

Cracovia es famosa por su bonita arquitectura, por tener la plaza más grande de Europa y por su excepcional cocina polaca, pero la ciudad esconde muchas sorpresas y es fácil pasar por alto algunas de sus peculiaridades, atracciones y exquiseces culinarias menos conocidas.

Moda de segunda mano

La moda de usar y tirar ha llegado a Polonia por la puerta grande, mientras las piezas de los diseñadores patrios suelen costar un dineral. Las muchas tiendas de ropa de segunda mano de Cracovia tienen verdaderas gangas. Muchas veces se paga por peso, y los precios se abaratan conforme avanza la semana.

Espacios verdes

No hay ciudad europea con barrios periféricos tan verdes como los del oeste de Cracovia, en cuyo corazón está el parque Błonia, uno de los más grandes de Europa. Más lejos está Las Wolski (en la foto; p. 120), que abarca algunos de los vestigios de bosque primigenio que quedan en Polonia y que constituye una fantástica escapada verde del bullicio urbano.

Canteras y lagunas

A primera vista Cracovia no es un destino de playa, pero los cracovianos han dado un uso ingenioso a canteras y embalses cercanos. La cantera de Zakrzówek cuenta con cinco piscinas, y Przystań Brzegi, con una playa de arena y deportes acuáticos.

Vegetarianos y veganos

En un país donde abunda el cerdo, quizá sorprenda que Cracovia tenga docenas de restaurantes vegetarianos y veganos. Pero es que además está muy surtida en cocinas foráneas (taiwanesa, georgiana, india, ucraniana) que sirven sabrosos platos con verduras como ingrediente principal.

Circuitos

Muchas agencias ofrecen circuitos guiados por la ciudad o por barrios en particular. Suelen ser a pie, pero también los hay en autobús, bicicleta o carrito de golf. Están bien para salir a pasar el día a destinos como la mina de sal de Wieliczka, porque las agencias se ocupan de los traslados y la gestión de entradas.

EVAL MIKO/SHUTTERSTOCK ©

Circuitos turísticos generales

Cracow City Tours Oferta aceptable de circuitos a pie y en autobús, como uno popular de 4 h en autocar y salidas más largas a la mina de sal de Wieliczka y al Museo y monumento conmemorativo de Auschwitz-Birkenau. (p. 119)

SeeKrakow El mayor turoperador de Cracovia propone una carta prodigiosa de circuitos, como la Fábrica de Schindler y Rynek Underground. (p. 129)

WowKrakow! Popular autobús con paradas libres en 15 zonas de interés de la ciudad. (p. 129)

Circuitos a pie (y por los bares)

Free Walking Tour Circuitos a pie gratuitos a cargo de guías acreditados cuyo sueldo se lo sacan con las propinas. Hay cuatro diarios por la Ciudad Vieja de marzo a octubre (menos en nov-feb). (p. 67)

Kraków Pub Crawl Típica ruta por cuatro bares que sale de la plaza del Mercado, delante de la estatua a Adam Mickiewicz. (p. 67)

Circuitos especializados

Delicious Poland Maravillosos circuitos gastronómicos por Kazimierz para probar la típica comida polaca y beber hasta desfallecer. (p. 67)

Jarden Tourist Agency Principalmente circuitos de tema judío, como el de 2-3 h a pie por Kazimierz y Podgórze. (p. 89)

Turismo responsable

Durante muchos años, Cracovia ha sido víctima de su propio éxito, con calles abarrotadas en verano cuando los precios de los alojamientos se disparan. El covid-19 puso un freno momentáneo a la situación pero el número de visitantes vuelve a crecer y conviene plantearse cómo visitarla causando el mínimo impacto y, de paso, aportando algo significativo a Cracovia.

Sobreturismo

Antes del covid-19, Cracovia era un destino estrella para despedidas de solteras y solteros, con hordas de hombres y mujeres haciendo el tonto en estado de embriaguez. Hay que reconsiderar si esta es la imagen que uno quiere dejar a los cracovianos, y recordar que beber alcohol en la calle es ilegal y la policía multa.

Cracovia estuvo muy tensionada por el turismo. Para no volver a esos días funestos, la ciudad ha lanzado una "Política de Turismo sostenible para Cracovia en los años 2021-2028" para intentar conciliar los intereses de los empresarios locales, los vecinos y los turistas.

Así, hay que quedarse más de uno o dos días y salir de Cracovia para visitar las cercanas Tárnow, Zakopane (en la foto), y el Parque Nacional de Ojców. También, además de visitar los mejores museos, el castillo y demás lugares estelares, hay que localizar las atracciones menos conocidas como Przystań Brzegi (allí, mejor alquilar los equipos acuáticos en las agencias locales, así se les apoya directamente).

Dejar menos rastro

Muchos visitantes alquilan coches cuando llegan a Polonia, pero las carreteras del país están congestionadas y aparcar en Cracovia es una pesadilla. En la ciudad es mejor moverse en transporte público. De tener que alquilar un coche, que sea eléctrico o híbrido.

El transporte público es económico y eficiente; los tranvías llevan a casi todas partes.

MAZUR TRAVEL/SHUTTERSTOCK ©

Cracovia es fantástica para descubrir en bici. Casi todo el centro histórico es peatonal o tiene poco tráfico. Se puede descargar la *app* de Bolt y recoger una bici o patinete eléctricos en muchos puntos de la ciudad.

Greenhotels (www.greenhotels.com) ofrece una lista de hoteles con credenciales ecológicas y requisitos medioambientales.

También hay que pensar en el bienestar de los animales de carga, muchos de ellos parados en Rynek Gówny bajo un calor de justicia, y evitar los paseos en carruajes de caballos.

Hacer un circuito es una excelente forma de ver Cracovia; algunos de los mejores (y más ecológicos) son a pie y en bicicleta porque recorren las atracciones principales, los puntos de interés gastronómico, etc.

Apoyar a los cracovianos y aportar algo

Un símbolo del problema del turismo excesivo en Cracovia antes de la pandemia era Airbnb, una compañía con la que el covid-19 se cebó, lo que obligó a muchos cracovianos a alquilar a largo plazo o vender. Hay que evitar el karma tóxico que sobrevuela el mercado de alquileres de corta duración y hacer la reserva directamente en hoteles, albergues, pensiones y casas particulares.

Frecuentar los pequeños negocios locales: restaurantes y bares independientes, anticuarios y tiendas de chucherías, diseñadores polacos y otros.

Comer en Złote Serce (p. 108), un restaurante que emplea a trabajadores ucranianos.

Cuatro días perfectos

Día 1

MARCIN_KADZIOLKA/GETTY IMAGES ©

Empezar en la **plaza del Mercado** (en la foto; p. 67). Verla desde arriba, desde la **torre del Ayuntamiento** (p. 43) y después por debajo en **Rynek Underground** (p. 56). Ver la **Lonja de los Paños** (p. 64) y el altar gótico de la **basílica de Santa María** (p. 54).

Tras almorzar en **Bistro The Hours** (p. 70), pasar por el **Museo de la Farmacia** (p. 64) y el **Museo Czartoryski** (p. 64) para ver *La dama del armiño* de Leonardo da Vinci. Cruzar la plaza hasta el **Collegium Maius** (p. 58), donde estudió Copérnico.

Cenar en **Fiorentina** (p. 48) o **Nota Resto** (p. 67), y después, escuchar música en el **Harris Piano Jazz Bar** (p. 73) o tomar unas copas en **Pauza** (p. 73) o **House of Beer** (p. 73).

Día 2

PAVLO LYS/SHUTTERSTOCK ©

Madrugar para visitar el **Castillo Real de Wawel** (p. 38). Ver los **aposentos reales privados,** echar un vistazo a la **catedral de Wawel** y entrar a la **basílica de San Francisco de Asís** (en la foto; p. 46) para ver los vitrales.

Almorzar en el **Art Restaurant** (p. 47) o **Restauracja Pod Baranem** (p. 91) y luego ir a **Kazimierz** para ver las antiguas casas judías de oración como la **sinagoga Alta** (p. 87) y la **Sinagoga Vieja** (p. 86), y visitar en el **Museo Judío de Galitzia** (p. 78).

Cenar en **Pierwszy Stopień** (p. 91), y después asistir a un espectáculo *klezmer* en **Dawno Temu Na Kazimierzu** (p. 91). Y como colofón, unas copas en el **NOTO Wine Bar** (p. 97) o **Weźże Krafta** (p. 96).

Día 3

MARTIN LINDSAY/ALAMY STOCK PHOTO ©

Conocer la ocupación nazi en la **Fábrica de Schindler** (p. 100), y sacar tiempo para visitar el vecino **Museo de Arte Contemporáneo de Cracovia** (p. 106) y después la **Farmacia Bajo el Águila** (en la foto; p. 105).

Después de comer en **ZaKładka Food & Wine** (p. 108), pasar la tarde en el oeste de la Ciudad Vieja. Más arte contemporáneo aguarda en el **Museo Nacional** (p. 116), y se puede intentar hacer un vitral en el **Museo de Vidrieras** (p. 117).

Finalmente, toca callejear fijándose en los edificios *art nouveau* para después cenar en **Molám Thai** (p. 119) y tomarse unos cócteles en **Mercy Brown** (p. 121).

Día 4

BRENIK/SHUTTERSTOCK ©

Tomar un tren hacia el este para bajar a las saladas profundidades de la **mina de sal de Wieliczka** (p. 138) y regresar antes de comer para subirse a un tren rumbo a la utopía realista-socialista de Nowa Huta de la década de 1950.

Almorzar en **Bar Mleczny Szkolny** (p. 133), visitar la iglesia brutalista **Arka Pana** (p. 133) y bajar al refugio nuclear en el **Museo de Nowa Huta** (p. 133). Otra opción es pasar el día en el **Museo y monumento conmemorativo de Auschwitz-Birkenau** (p. 134).

De vuelta a Cracovia, regalarse una buena cena en **Pod Aniołami** (p. 48) o **Artesse** (p. 68), pasear por el **parque Planty** (en la foto; p. 69) y terminar con una cerveza en **CK Browar** (p. 123).

Lo esencial

Para más información, véase 'Guía práctica' (p. 141).

Moneda
Złoty polaco (PLN)

Idioma
Polaco

Visados
Los ciudadanos de la UE no lo necesitan y pueden quedarse indefinidamente. Los de muchos otros países pueden permanecer sin visado hasta 90 días.

Dinero
Hay cajeros por doquier (se desaconseja Euronet). Se acepta el pago con tarjeta de crédito y, a menudo, se prefiere al efectivo.

Teléfonos móviles
Con las económicas tarjetas SIM se puede acceder a las redes GSM y 4G.

Hora local
Hora de Europa central (GMT/UTC + 1 h)

Propinas
En restaurantes y cafés, si la cuenta es pequeña, se redondean hasta los siguientes 5 o 10 PLN. O si no, se deja un 10%.

Presupuesto diario

Económico: menos de 300 PLN

Cama en dormitorio compartido: 65-110 PLN

Compra en supermercados: 65-90 PLN

Arenques y un chupito de vodka: 25-30 PLN

Precio medio: 300-700 PLN

Doble en hotel de precio medio: 350-500 PLN

Cena con entrante y vino: 140-180 PLN

Entrada a museo: 25 PLN

Precio alto: más de 700 PLN

Doble en hotel de lujo: 550-900 PLN

Cena de cuatro platos en un buen restaurante: 340 PLN

La mejor butaca en la ópera: 250 PLN

Antes de partir

Tres meses antes Reservar el hotel, sobre todo en verano o en Semana Santa y Navidad.

Un mes antes Comprar las entradas en línea para atracciones populares como el Castillo Real de Wawel, la Fábrica de Schindler y Rynek Underground. Consultar la guía del ocio *Karnet Kraków* (https://karnet.krakow.pl). Reservar en el restaurante Bottiglieria 1881, con estrella Michelin.

Dos semanas antes Organizar la visita a la mina de sal de Wieliczka. Reservar mesa en los mejores restaurantes.

Cómo llegar

Casi todo el mundo llega al aeropuerto Juan Pablo II o la estación principal de trenes (Kraków Główny) o de autobuses.

✈ Aeropuerto internacional Juan Pablo II de Cracovia

A 30 min en coche de la Ciudad Vieja. Los trenes especiales (12 PLN) comunican el aeropuerto con la estación principal de Cracovia. El autobús nº 208 (5 PLN) lleva a la estación de autobuses de la ciudad. Un taxi hasta el centro cuesta 35-70 PLN y tarda 30 min.

🚌 Estaciones principales de trenes y autobuses

Las dos estaciones lindan entre sí, a 10 min a pie al norte de la Ciudad Vieja. Los tranvías paran delante de la estación de trenes y son prácticos para ir a Kazimierz y Podgórze. Para ir al hotel lo más cómodo es un taxi.

Cómo desplazarse

El centro es compacto, con lo que se recomienda moverse a pie por el casco antiguo o para ir a la colina de Wawel.

🚋 Tranvía

El transporte ideal para moverse entre la Ciudad Vieja, Kazimierz y Podgórze, y visitar el este y oeste de Cracovia.

🚌 Autobús

Están más pensados para los viajeros diarios, aunque sirven para ir a algunas atracciones.

🚲 Bicicleta

Casi todo el centro histórico es peatonal pero en otras zonas hay muchos coches y tranvías, aunque se siguen construyendo carriles-bici.

🚗 Taxi

Práctico para volver al hotel y para traslados al aeropuerto.

Barrios de Cracovia

Ciudad Vieja (p. 53)
El centro de la vida de Cracovia desde las invasiones tártaras del s. XIII, con su elegante plaza del Mercado (Rynek Główny), está lleno de edificios y monumentos históricos.

Oeste de Cracovia (p. 113)
Es la zona sofisticada y próspera de la ciudad, llena de calles pulcras flanqueadas por cuidadas casas señoriales del s. XIX y principios del s. XX.

Aeropuerto internacional Juan Pablo II de Cracovia (12,5km)

Colina de Wawel y alrededores (p. 37)
La colina de Wawel, al sur de la ciudad Vieja, es la guardiana silente de mil años de historia polaca. El castillo cimero fue la sede de la monarquía desde los albores del Estado polaco.

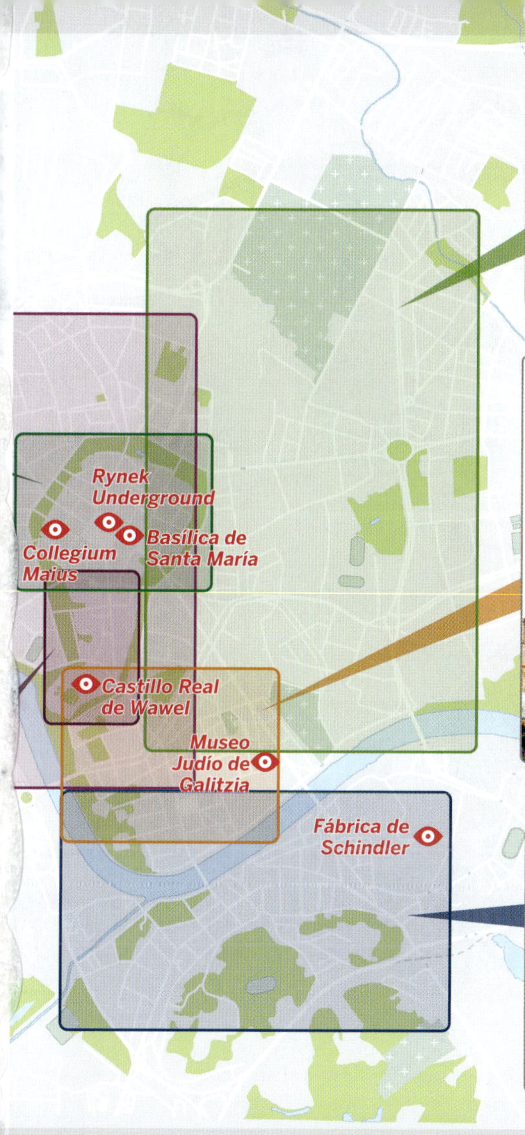

Este de Cracovia (p. 125)
El este de la ciudad late a un ritmo diferente. Aquí, Cracovia pierde su aura medieval y vacacional para palpitar al compás de la vida cotidiana.

Kazimierz (p. 77)
Localidad independiente durante 700 años, Kazimierz alberga no solo muchos de los más importantes lugares del patrimonio judío sino también sus cafés, clubes y restaurantes más populares.

Podgórze (p. 99)
Podgórze desempeñó un papel aciago durante la II Guerra Mundial; fue aquí donde los alemanes confinaron a 16 000 judíos en un gueto antes de deportarlos a los campos de concentración.

Rynek Underground

Basílica de Santa María

Collegium Maius

Castillo Real de Wawel

Museo Judío de Galitzia

Fábrica de Schindler

Explorar
Cracovia

Lonja de los Paños (p. 64).

Explorar
Colina de Wawel y alrededores

Al sur del casco antiguo, la colina de Wawel es el símbolo de la nación y el silente guardián de mil años de historia polaca. El castillo cimero fue sede de la monarquía desde el nacimiento del Estado polaco y escenario de sus ceremonias más solemnes y sus momentos más celebrados. La última morada de muchos monarcas polacos se halla debajo de la catedral de Wawel.

Lo esencial

○ **Castillo Real de Wawel (p. 38)** *Visitar los salones para grandes recepciones y las estancias de los reyes y reinas de Polonia.*

○ **Catedral de Wawel (p. 40)** *Descubrir el principal lugar de coronación –y sepelio– de los monarcas polacos.*

○ **Iglesia de San Pedro y San Pablo (p. 45)** *Fijarse en el contraste entre el elaborado exterior de la iglesia y su sobrio interior.*

○ **Basílica de San Francisco de Asís (p. 46)** *Sonreír ante todo ese despliegue de vidrieras art nouveau.*

○ **Palacio del Obispo Erazm Ciołek (p. 46)** *Apreciar la belleza del arte cristiano de los ss. XII y XIII, y de algunas esculturas extraordinarias.*

Cómo llegar y desplazarse

🚋 Las líneas nº 6, 8, 10, 13 y 18 dejan cerca del castillo de Wawel.

🚋 Las líneas nº 1, 6, 8, 13, 18 cruzan la ciudad vieja y llevan hasta ul Grodzka.

Plano de la zona en p. 44.

Castillo Real de Wawel (p. 38). STRIKERNIA/SHUTTERSTOCK ©

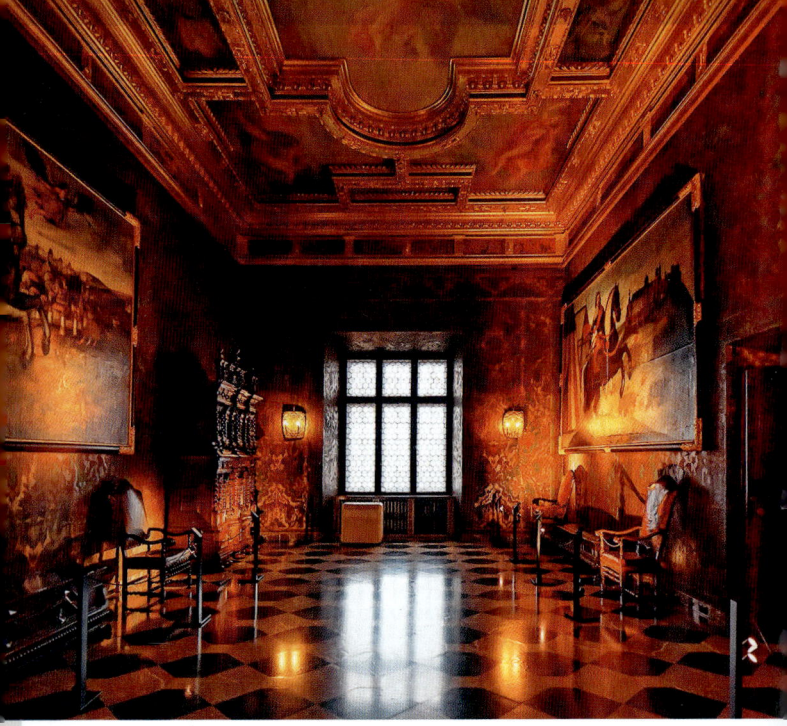

Las mejores experiencias 📷
Visitar el Castillo Real de Wawel

No hay visita a Cracovia que se precie sin subir a la señorial colina de Wawel para presentar los debidos respetos a la antigua sede de la monarquía polaca. Vale la pena subir aunque no se quiera entrar a las atracciones de pago. Los jardines son gratuitos, y las dimensiones, la arquitectura y la exuberancia ambiental –normalmente amenizada con las risas de los colegiales– son impresionantes.

🎯 PLANO P. 44, B5

www.wawel.krakow.pl

Salones para grandes recepciones

En siglos pasados, la realeza atendía a los invitados, recibía atenciones y se entretenía en los salones para grandes recepciones (en la foto) de la planta baja. Se pasará por salones enormes, todos de estilos diferentes y decorados con óleos y tapices del s. XVI, como el salón del Torneo, con su fresco de justa de caballeros, el salón de los Diputados, donde se reunía la cámara baja del Sejm (Parlamento), con sus 30 cabezas de madera labrada en el techo artesonado, y la ostentosa sala del Trono.

Estancias privadas de los reyes

Se puede conocer cómo vivían los monarcas en estos aposentos de la 1ª planta, con camas relativamente pequeñas (comparadas a las actuales), aunque con doseles de madera labrada. Destacan el mobiliario renacentista del rey Segismundo el Viejo, las vigas pintadas del techo de la habitación de invitados del rey, y la diminuta y enjoyada "Pie de Gallina" (capilla de Santa Eduvigis) en la torre Belvedere del s. XIV.

Tesoro de la Corona y armería

Hay que bajar hasta las salas góticas abovedadas para maravillarse con los cetros y orbes de la Tesorería, los cálices de oro y plata, los estandartes reales, los tejidos y una Kunstcamera (gabinete del Coleccionista) con objetos exóticos recopilados por Segismundo III. En la armería, tenuemente iluminada, aguarda una hirsuta empalizada de alabardas, lanzas y espadas, y las armaduras aladas de los húsares. Aquí la pieza estelar, exhibida en una sala austera, es la *Szczerbiec*, la espada empleada en las coronaciones de los reyes polacos de 1320 a 1764.

"Wawel perdida"

Las antiguas cocinas reales y cochera albergan estas exposiciones con los restos de la rotonda

★ Consejos

○ Reservar la visita al castillo antes y en línea porque es un punto de interés muy popular. Se va a necesitar todo un día para hacerle justicia.

○ Comprar la entrada para cada atracción del castillo u optar por una entrada combinada.

○ De hacer lo primero, conviene saber que algunas atracciones solo se pueden visitar en un circuito guiado y/o en una franja horaria específica.

○ La torre Sandomierska, con sus vistas, abre solo de junio a septiembre.

○ La entrada a la catedral de Wawel se vende aparte del resto de atracciones del castillo. Visitar los jardines del castillo es gratis.

✖ Una pausa

○ Hay un **café** en el centro de visitantes de Wawel. Para tomar algo rico y cerca de la entrada al castillo, se recomienda Mióď Malina (p. 48).

románica de la Virgen, la primera iglesia de Cracovia. Se descubre la historia medieval de la colina de Wawel a través de las reconstrucciones virtuales del complejo real, y en la gliptoteca de piedras grabadas.

Catedral de Wawel

Construida por orden de Vladislao el Breve (1306-1333), el primer rey que fue coronado aquí, la actual versión de la **catedral de Wawel** (www.katedra-wawelska.pl), que data del año 1364, en realidad es la tercera, ya que la original del 1020 y su sucesora fueron pasto de las llamas. Aquí se han coronado, prácticamente, todos los monarcas de Polonia; las criptas, donde yacen reyes y personajes insignes de Polonia, no tienen desperdicio.

Museo de la Catedral de Wawel

En diagonal a la catedral se encuentra este **tesoro** (www.katedra-wawelska.pl) de objetos históricos y religiosos de la catedral, algunos hechos con materiales preciosos, y vestimentas funerarias de los reyes. No hay ni una sola corona porque, al parecer, fueron robadas por los prusianos en 1795 que, presuntamente, las fundieron.

Cueva del dragón

Esta caverna de húmeda piedra calcárea fue, presumiblemente, la antigua morada de Smok Wawelski (dragón de Wawel), cuyo insaciable apetito por las vírgenes hizo que el rey prometiera la mano de su hija a quien matara al dragón. Muchos

Catedral de Wawel.

Sede de reyes y reinas polacos

Los edificios de la colina de Wawel constituyen el conjunto arquitectónico más significativo de Polonia.

Los primeros siglos

Aquí ha habido un edificio real durante buena parte de un milenio. Las primeras estructuras se construyeron en el s. XI a petición del rey Boleslao I el Bravo. Su residencia, bastante pequeña, se reformó en estilo gótico en el s. XIV pero casi todo el castillo se quemó en 1499. Poco después, el rey Segismundo I Jagellón encargó una nueva residencia en el estilo renacentista propio de la época.

Sin rango real

Cuando trasladaron la capital a Varsovia a finales del s. XVI, los edificios de Wawel perdieron su razón de ser, aunque en ellos se seguían celebrando coronaciones y festejos. El recinto fue saqueado por los ejércitos suecos y prusianos en los ss. XVII y XVIII, y el castillo fue ocupado en el s. XIX por los austríacos.

Wawel tras la independencia

Tras la incorporación de Cracovia a la Polonia restablecida después de la I Guerra Mundial, Wawel se convirtió en la residencia del presidente del país. Durante la II Guerra Mundial, Wawel asumió de nuevo su papel histórico pero, en esta ocasión, más a regañadientes. Cuando Cracovia se convirtió en la capital de la Polonia ocupada, Wawel fue la residencia del gobernador general nazi Hans Frank.

caballeros fueron flameados antes de que un zapatero, de nombre Krak, engañara a Smok para que se comiera un carnero lleno de azufre y después le explotara el vientre. Cracovia (Kraków) debe su nombre al nuevo rey/salvador, y una estatua de bronce de Smok destaca en el terraplén del río

Exposición de arte oriental

Incluye una colección de estandartes y armas turcos del s. XVII, capturados tras la batalla de Viena (1683) y exhibidos junto a viejas alfombras persas, cerámicas chinas y japonesas, y demás antigüedades de Oriente.

Circuito a pie 🥾

Ruta de los reyes y las reinas

Este paseo recorre muchos lugares de interés y sigue la antigua vía de la coronación de los monarcas de Polonia. Pasa por las principales atracciones siguiendo un orden bastante lógico: empieza en la Ciudad Vieja y termina en la colina de Wawel.

Datos

Inicio Puerta de San Florián

Final Castillo Real de Wawel

Duración 2 km; 2 h

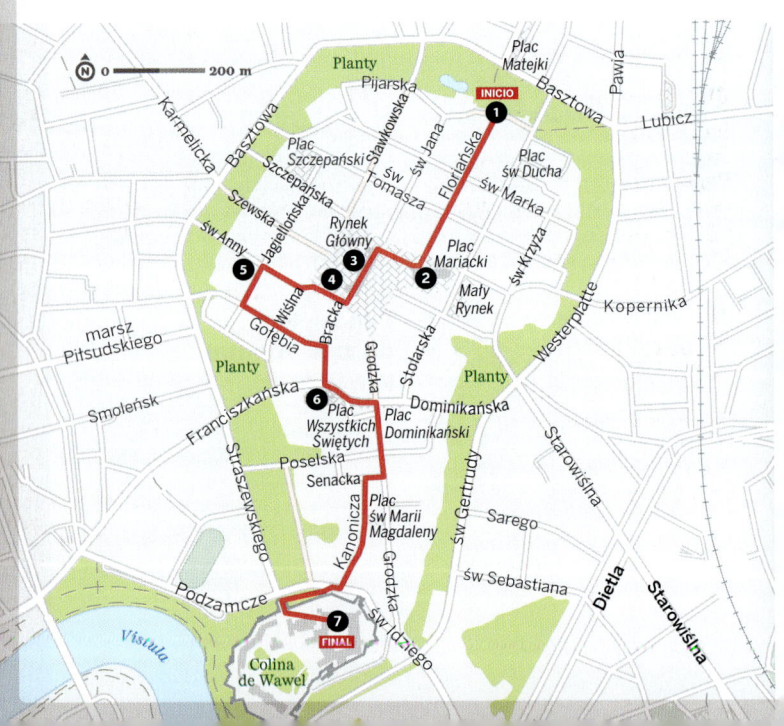

❶ Puerta principal de Cracovia

Se empieza en la **puerta de San Florián** (www.muzeumkrakowa.pl), una bonita entrada de piedra construida en 1300 (aprox.). En su día fue la principal entrada a la ciudad y es la única que queda de las ocho que había inicialmente.

❷ Basílica de Santa María

Se sigue por la animada ul Floriańska y, al entrar a la plaza del Mercado, se verá a la izquierda la **basílica de Santa María** (p. 54), de dos torres. A las horas en punto se escucha la corneta desde la torre más alta.

❸ Perfección renacentista

Presidiendo el centro de la plaza se halla la animada **Lonja de los Paños** (p. 64), una construcción renacentista de dos pisos donde hay una galería de pintura polaca del s. XIX y la entrada a Rynek Underground.

❹ La torre sin Ayuntamiento

Al lado está la **torre del Ayuntamiento** (www.muzeumkrakowa.pl), que evoca el que fuera un maravilloso edificio del s. XV antes de que los austríacos lo desmantelaran en el s. XIX. Aún se puede ver el portal gótico original.

❺ Antiguo centro del saber

El **Collegium Maius** (p. 58) fue la primera sede de la Universidad Jagellónica, la segunda más antigua de Europa central. En el patio se ven los pórticos góticos originales y el famoso reloj.

❻ Belleza 'art nouveau'

Para muchos la **basílica de San Francisco de Asís** (p. 46), una preciosidad gótica s. XIII, es su iglesia favorita por los bonitos vitrales de Stanisław Wyspiański, maestro del *art nouveau*. La vidriera más famosa, encima de la entrada trasera, plasma a Dios durante la creación.

❼ La morada del rey

Se sigue hacia el sur por ul Grodzka, el último tramo de la Ruta Regia, hasta ul Senacka, y después se vira hacia el sur por ul Kanonicza hasta los pies del **Castillo Real de Wawel** (p. 38).

Colina de Wawel y alrededores

A B C D

Franciszkańska

Bracka

Grodzka

Stolarska

1

Basílica de San Francisco de Asís 2

Plac Wszystkich Świętych

Plac Dominikański

Dominikańska

Reseñas en:

⊙	Las mejores experiencias	p. 38
⊙	Puntos de interés	p. 45
⊗	Dónde comer	p. 47
☕	Dónde beber	p. 50
☆	Ocio	p. 50
🔒	De compras	p. 51

14 ⊗

CIUDAD VIEJA

Grodzka

12 ⊗ 🔒 21

10 ⊗

Poselska

2

Poselska

5 ⊙
Museo de Arqueología

Senacka

⊗ 11

13 ⊗ 17 ☕
18 ☕

Planty

19 ☕
Tratowska

3

Straszewskiego

Kanonicza

Plac św Marii Magdaleny

Iglesia de San Pedro y San Pablo
1 ⊙ ☆ 20

8 ⊗

Palacio del Obispo 3
Erazm Ciołek ⊙

Grodzka

⊙ Iglesia de San Andrés 4

KLEPARZ

Museo Archidiocesano del Cardenal Karol Wojtyła 6 ⊙

9 ⊗

Planty

4

Podzamcze

Podzamcze

🔒 23

🔒 22

św Idziego

⊙ 7
Ster River Cruises

Castillo Real de Wawel ⊙

św Gertrudy

Wianki Festival

5

Colina de Wawel

Droga do Zamku

Stradomska

Bernardyńska

KAZIMIERZ

16 ☕
15 ⊗

6

Ⓝ 0 ———————————— 200 m

A B C D

Puntos de interés

Iglesia de San Pedro y San Pablo

IGLESIA

1 ⦿ PLANO P. 44, D3

Los jesuitas erigieron esta iglesia, el primer edificio barroco de Cracovia, tras haber sido traídos hasta la ciudad en 1583 para combatir a los defensores de la Reforma. La iglesia, de planta de cruz latina coronada por una gran cúpula con lucernario, presenta un interior de una sobriedad sorprendente, exceptuando la delicada decoración de estuco de la bóveda. (www.apostolowie.pl)

Festival de Música del Solsticio de Verano

La zona que orilla el río Vístula, justo debajo del castillo de Wawel, es el escenario principal para una de las celebraciones veraniegas más sonadas de la ciudad. El **Wianki Festival** (plano p. 44, A5; krakow.travel/en/artykul/190/wianki) festeja la noche del solsticio de verano con conciertos, baileteo y fuegos artificiales.

Iglesia de San Pedro y San Pablo.

TUPUNGATO/SHUTTERSTOCK ©

Colina de Wawel y alrededores Puntos de interés

Museo Archidiocesano del Cardenal Karol Wojtyła (p. 47).

Basílica de San Francisco de Asís   IGLESIA

2 👁 PLANO P. 44, B1

Hay que entrar en la oscura basílica en un día de sol para admirar los vitrales de estilo *art nouveau* concebidos por Stanisław Wyspiański, unos de las más bonitos de la ciudad. El dios multicolor del presbiterio, sobre la galería del órgano, constituye una obra maestra. Desde el transepto, también se puede entrar al claustro gótico del monasterio franciscano, con fragmentos de frescos que datan del s. XV. No se admiten visitas durante las misas. (www.franciszkanska.pl)

Palacio del Obispo Erazm Ciołek   MUSEO

3 👁 PLANO P. 44, C3

La pintoresca Kanonicza es la calle perfecta para levantar un venerable palacio del s. XIV y llenarlo de pinturas y esculturas antiguas. Estas dependencias del Museo Nacional albergan dos exposiciones permanentes de arte religioso. El Arte de la Vieja Polonia (ss. XII-XVIII) incluye pinturas góticas, retablos y una sala dedicada al escultor Veit Stoss; atención especial merece la escultura *Cristo montado sobre un burro* del s. XVI. La segunda exposición es de arte ortodoxo. (www.mnk.pl)

Iglesia de San Andrés
IGLESIA

4 ⊙ PLANO P. 44, C3

Esta iglesia de finales del s. XI presenta un austero exterior románico de piedra. No obstante, cuando se entra aparece un mundo totalmente diferente pues su pequeño interior se sometió a una reforma barroca radical en el s. XVIII.

Museo de Arqueología
MUSEO

5 ⊙ PLANO P. 44, B2

Aquí se puede conocer la historia de la región de Małopolska (Pequeña Polonia) desde el Paleolítico hasta la Alta Edad Media, pero lo que cautiva más es la colección de piezas del Antiguo Egipto, con momias humanas y animales. Además, hay más de 4000 monedas de hierro del s. IX. Los jardines son ideales para dar un paseo. (www.ma.krakow.pl)

Museo Archidiocesano del Cardenal Karol Wojtyła
MUSEO

6 ⊙ PLANO P. 44, C4

Colección de esculturas y pinturas religiosas, de los ss. XIII-XVI, que ocupa una casa señorial del s. XIV. También se puede ver la habitación donde Karol Wojtyła (el difunto papa Juan Pablo II) vivió de 1958 a 1967, con todos sus muebles y pertenencias, esquíes incluidos. Además hay una colección de los obsequios que recibió. (www.archimuzeum.pl)

Ster River Cruises
CRUCERO

7 ⊙ PLANO P. 44, A4

Propone cruceros fluviales de 1 h por los lugares emblemáticos de Cracovia y otros de 5 h hasta la abadía benedictina en Tyniec a bordo del *Peter Pan* o del *Sobieski* –el más largo hace una parada de 1 h en la abadía antes de emprender el viaje de vuelta–. Reservas en línea o por teléfono. El punto de partida no queda lejos del puente Dębnicki. (www.ster.net.pl)

Dónde comer

Art Restaurant
POLACA €€€

8 ✖ PLANO P. 44, C3

Con mantelería blanca y un servicio intachable, su carta apuesta por los ingredientes frescos de granja y de proximidad, con pinceladas curiosas como la mermelada de pimiento rojo servida con cordero y el mejor tartar de ternera de la ciudad. De hacer buen tiempo, hay que reservar en la terraza. Menú del mediodía con

Excelente zona para comer

En la colina de Wawel hay restaurantes muy bonitos, pero la calidad se paga. Hay lugares fabulosos en ul Grodzka y ul Poselska, que sale de ul Grodzka. La tranquila ul Kanonicza ofrece un marco elegante y exclusivo para restaurantes que son excelentes a la par que caros.

excelente relación calidad-precio (80 PLN). (www.artkanonicza.pl)

Fiorentina POLACA €€€

9 PLANO P. 44, C4

Es uno de los mejores restaurantes del país: un lugar evocador, todo ladrillo visto, enmaderamiento y espejos. Se puede sorprender a la pareja con un filete Fiorentina o un lenguado a la sal, o ver cómo salen de la cocina platos como pato con albóndigas de col lombarda y patata con caviar. Si hace calor, el jardín trasero es perfecto. (https://fiorentina.com.pl)

Czarna Kaczka POLACA €€€

10 PLANO P. 44, D2

En el Pato Negro trabajan con carne de pato procedente de Poznań. Le dan un giro a la cocina polaca sirviendo *pierogi* de pato, sopa de pato con albóndigas y un pato asado entero para dos, y ofrecen una experiencia inolvidable, con una asombrosa variedad de platos. También ofrece catas de tres vinos polacos. (https://czarnakaczka.pl)

Miód Malina POLACA €€€

11 PLANO P. 44, C2

El Miel de Frambuesa (bonito nombre) sirve cocina polaca de primera en un entorno alegre. Se recomienda sentarse junto a la ventana y pedir las setas silvestres a la crema, y cualquier plato de pato o venado. En la carta hay gran variedad de cortes de carne de ternera. El entrante de queso de oveja

a la plancha con gelatina de arándanos rojos es una especialidad regional. Imprescindible reservar. (www.miodmalina.pl)

Pod Aniołami POLACA €€€

12 PLANO P. 44, C2

He aquí el restaurante de la vieja Cracovia por antonomasia; su comedor principal ocupa una bodega gótica del s. XIII. El recio mobiliario de madera, los muros de piedra y los tapices deshilachados transportan a la Edad Media, como lo hacen las carnes hechas al fuego de leña de haya. Encomiable es el filete de jabalí marinado en bayas de enebro. (www.podaniolami.pl)

Bar Grodzki POLACA €

13 PLANO P. 44, C2

Un encantador *bar mleczny* ("bar de leche") de gestión familiar pero por encima de la media, y no con el típico entorno de cafetería. Hay que hacer cola en el mostrador del bufé caliente y escoger lo que apetezca. Destacan la variedad de ensaladas de repollo, los platos principales típicos como rollos de col rellenos y el delicioso *kompot* (zumo de fruta hervida).

Smak Ukraiński UCRANIANA €

14 PLANO P. 44, C1

Este oasis rural, en una de las calles peatonales más transitadas de la ciudad, propone genuinos platos ucranianos en un acogedor comedor. Raviolis de todo tipo, *borscht* (la variante ucraniana)

Smok, el dragón mágico

El castillo de Wawel es cuna de leyendas ancestrales, como la del dragón que escupía fuego: se cuenta que, durante el reinado del príncipe Krak, un cruel dragón vivía en una cueva bajo la colina de Wawel y aterrorizaba a la población de Cracovia. El escamoso Smok escupía fuego dejando una estela de muerte y destrucción entre los vecinos y el ganado. Su alimento preferido eran las jóvenes vírgenes.

El príncipe Krak temía por la vida de su propia hija Wanda, y prometió desposarla con aquel que lograra acabar con el dragón. Muchos murieron en el intento. Al final, un joven y humilde zapatero ideó una estratagema para engañar a la bestia. Rellenó una oveja con azufre y dejó el exquisito manjar frente a la guarida del dragón, que cayó en la trampa.

El dragón devoró la oveja y después se retiró al río Vístula para calmar su sed insaciable. Vació el río hinchando de tal manera su estómago que le explotó. El dragón fue vencido y el zapatero se convirtió en un héroe. ¡Las vírgenes estaban a salvo! Y Wanda y el zapatero vivieron felices y comieron perdices.

y camareros con chaleco. (www.ukrainska.pl)

Gate of India INDIA €€

15 ✕ PLANO P. 44, D6

Situado entre Wawel y Kazimierz, este restaurante de comida india ofrece una buena relación calidad-precio y permite variar un poco de la cocina polaca más suave. Los platos picantes servidos con chile deshidratado, cilantro y jengibre natural conseguirán que el viajero vuelva. Hay muchas opciones vegetarianas en la carta. Reserva previa para viernes y sábados noche. (www.gateofindia.pl)

TRV_MY_BEST/SHUTTERSTOCK ©

El dragón Smok.

Huesos y santos

Al entrar en la catedral de Wawel, hay que fijarse en los huesos de encima de la entrada. Se rumoreaba que pertenecían a Smok, el dragón de Wawel, pero seguramente son de un mamut o de un rinoceronte lanudo; dicen que bajarlos provocará el fin del mundo. En la capilla gótica de la Santa Cruz, conviene fijarse en la tumba de mármol rojo del rey Casimiro IV Jagellón, y en el santuario con dosel de san Estanislao de Cracovia, obispo, mártir y santo, cuyos restos mortales están en un sarcófago de plata del s. XVII.

Dónde beber

BroPub   CERVEZA ARTESANA

16 PLANO P. 44, D6

El bar con patio de la microcervecera Brokreacja (a 45 km de la ciudad) propone 16 cervezas de barril y de elaboración propia (la mayoría), que van de la Whiskey Rye Double Brown Porter a la Peated Ris. También cafés infusionados en frío. Y para acompañar, nada mejor que sus hamburguesas, *pizzas* y quesadillas. (https://bropub.pl)

Dziórawy Kocioł   CAFÉ

17 PLANO P. 44, C2

Los fans de la saga de Harry Potter ya tardan en ir a este curioso café

subterráneo escondido en ul Grodzka. Está decorado con recuerdos mágicos, banderas colgantes de Hogwarts House y dibujos hechos a mano de los personajes. En la carta hay cervezas de mantequilla pero también tartas con nombres de la saga. (www.facebook.com/dziorawykociol)

Cafe Pianola   CAFÉ

18 PLANO P. 44, C2

Ideal para descansar y tomar un café o un vino aceptable en una esquina entre Wawel y la Ciudad Vieja. Aunque la terraza es irresistible si hace bueno, se recomienda entrar para ver el interior renacentista, con altos techos abovedados y, claro, un piano.

Indalo Cafe   CAFÉ

19 PLANO P. 44, A3

Es un local curioso, escondido a pocos minutos del centro. El café empezó como centro de artes y artesanías, y aún hoy se pueden comprar objetos decorativos mientras se disfruta de un café o del *cheesecake* u otros dulces. (http://cafeindalo.pl)

Ocio

Iglesia de San Pedro y San Pablo   SALA DE CONCIERTOS

20 ⭐ PLANO P. 44, D3

La Orquesta de Cámara de Cracovia de San Mauricio ofrece conciertos vespertinos de Vivaldi, Bach, Chopin y Strauss durante

Kobalt Pottery & More.

la semana. Venden las entradas en la puerta antes del concierto o en cualquier oficina de turismo de InfoKraków.

De compras

World of Amber
JOYERÍA

21 🔒 PLANO P. 44, C2

No es solo una tienda sino un mundo entregado al ámbar, con elaboradas fragatas y tableros de ajedrez hechos de este material. Aunque no se tenga la intención de comprar, vale la pena ver su asombrosa colección de collares, pendientes, broches y colgantes. (www.worldofamber.pl)

Kobalt Pottery & More
CERÁMICA

22 🔒 PLANO P. 44, D4

Vende llamativas y preciosas piezas de cerámica de Bolesławiec, ciudad del oeste del país. Los platos, bandejas y cuencos están pintados a mano con una técnica de estampado y trazo únicos, presentes en las cocinas de todo el país. (https://kobalt.com.pl)

Boruni Gallery
JOYERÍA

23 🔒 PLANO P. 44, D4

Para saber más sobre el ámbar –el "oro del Báltico"–, se debería visitar esta espaciosa galería para ver el vídeo informativo sobre los diferentes tipos de ámbar y sus procesos de producción ¡Ojo con la venta agresiva! (www.boruni.pl)

Explorar

Ciudad Vieja

Con su elegante plaza del Mercado (Rynek Główny) y sus edificios y monumentos históricos, la Ciudad Vieja ha sido el centro de la vida de Cracovia desde las invasiones tártaras del s. XIII. Hoy está llena de restaurantes, galerías y, al parecer, es la zona con más bares por metro cuadrado de Europa. Casi toda es peatonal y es Patrimonio Mundial de la Unesco desde 1978.

Lo esencial

○ **Basílica de Santa María (p. 54)** *Contemplar el fastuoso interior y los retablos labrados de la iglesia más importante de Cracovia.*

○ **Museo Czartoryski (p. 64)** *Admirar La dama del armiño de Leonardo da Vinci y otras obras.*

○ **Rynek Underground (p. 56)** *Husmear en el misterioso mundo medieval que aguarda bajo la plaza del Mercado.*

○ **Collegium Maius (p. 58)** *Ver los instrumentos que utilizaban los científicos del Renacimiento para desentrañar los misterios del sistema solar.*

○ **Museo de la Farmacia (p. 64)** *Agradecer que la medicina moderna ya no utilice los viales y elixires que aquí se presentan.*

Cómo llegar y desplazarse

🚋 Las líneas nº 1, 6, 8, 13 y 18 pasan por la plaza del Mercado.

🚋 Las líneas nº 2, 4, 14, 18, 20, 24 y 44 van al extremo norte de la Ciudad Vieja.

Plano de la zona en p. 62.

Plaza del Mercado (p. 67). MARTIN-DM/GETTY IMAGES©

Las mejores experiencias 📷
Embobarse en la basílica de Santa María

Con vistas a la plaza del Mercado, esta iglesia de ladrillo rojo se distingue por sus dos torres de alturas dispares. La iglesia original, de la década de 1220, fue destruida durante una incursión tártara, tras la cual empezó la construcción de la actual basílica. Se puede visitar su exquisito interior, con su retablo de madera labrada, y subir a la torre para unas vistas excelentes. Que nadie se pierda el toque de corneta a las horas en punto.

◉ PLANO P. 62, E4

www.mariacki.com

Pinturas murales

Al entrar lo primero que se ve son las elaboradas y coloridas pinturas murales. Muchas de ellas son obra de Jan Matejko, maestro polaco del realismo del s. XIX, y armonizan de maravilla con la complejidad del altar mayor. No hay que olvidarse de levantar la mirada hacia el techo estrellado: su color azul es deslumbrante.

Vidrieras

El presbiterio, la zona que antecede al altar mayor, está iluminado por magníficas vidrieras de finales del s. XIV. Y encima de la galería del órgano, en la otra punta de la iglesia, hay una bonita vidriera *art nouveau* de Stanisław Wyspiański y Józef Mehoffer, maestros ambos del modernismo temprano.

Retablo labrado

El retablo (en la foto) de 13 m de alto y 11 m de ancho es la pieza de arte gótico más importante de Polonia. Veit Stoss, su artífice, tardó diez años en completarlo antes de consagrarlo en 1489. La escena principal muestra la Asunción de la Virgen acompañada por los apóstoles y flanqueada por los santos patronos de Polonia.

Torre

Que nadie se pierda el toque de corneta a las horas en punto. La melodía es tan antigua como la mismísima iglesia y se menciona en muchas leyendas de la ciudad. Para ver la ciudad desde arriba, hay que pagar una entrada aparte y subir los 239 escalones de la torre de 82 m.

★ **Consejos**

● El mejor lugar para ver al cornetista es el pequeño patio de delante de la **iglesia de Santa Bárbara** (plano p. 62, E5; www. swietabarbara.jezuici. pl).

● Los turistas entran por la puerta lateral del lado sureste.

● Aunque la iglesia está abarrotada de visitantes, también hay gente que viene a rezar, por lo que hay que comportarse con discreción.

✖ **Una pausa**

● **Magia Cafe Bar** (plano p. 62, F4; www. facebook.com/Magia CafeBar), al doblar la esquina, es fantástico para un café.

● Por la tarde, hay que dirigirse a la cercana **Viva la Pinta** (plano p. 62, E4; www. vivalapinta.pl), una escondida cervecería con terraza.

Las mejores experiencias 📷

Sumergirse en Rynek Underground

Cuando se estaba renovando la plaza del Mercado, se hallaron los restos del milenario mercado primigenio bajo la Lonja de los Paños. Desde entonces se transformaron en esta fascinante atracción de tecnología punta que invita a atravesar los puestos del mercado medieval y otras cámaras olvidadas en el tiempo, con la ayuda de proyecciones audiovisuales.

🎯 PLANO P. 62, D4

www.podziemiarynku.com

Audiovisuales

La tecnología avanzada empleada para explicar la historia de Cracovia forma el grueso de la propia exposición, desde las imágenes en video proyectadas sobre la cortina de humo que se ve al bajar al subsuelo hasta los hologramas y vídeos de las salas, pasando por los documentales sobre la vida en la ciudad a lo largo de los siglos.

Los primeros días de Cracovia

La primera parte de la exposición enseña la vida cotidiana en los ss. XIII y XIV, con muestras sobre el comercio, el transporte y la construcción. Uno puede asomarse al taller de un herrero, ver cómo se vestía en la Edad Media, y descubrir los "entierros preventivos de vampiros", la elaborada red de alcantarillado y los caballeros mercenarios.

Maqueta de la ciudad

Una de las piezas que impresiona es la maqueta de Cracovia en el s. XV, cuando estaba casi en la cúspide de su poder monárquico, que muestra la relevancia de las murallas y la relación geográfica de la Ciudad Vieja con el Castillo Real de Wawel. En un guiño a París, la maqueta esta iluminada por un lucernario piramidal que irrumpe en la superficie de la plaza y se puede ver desde arriba.

Hallazgos arqueológicos

A los entusiastas de los museos les encantará el último tramo del recorrido, que explora varios recovecos y ruinas descubiertas en las últimas excavaciones. Se exponen herramientas y artefactos usados en la plaza mayor de la ciudad a lo largo de los años.

★ Consejos

o Comprar las entradas en línea y con tiempo para días y franjas horarias específicos, porque se agotan, sobre todo en temporada alta.

o En la oficina, fijarse en el panel electrónico con los horarios de las visitas y las entradas disponibles para cada turno.

o La entrada a los túneles está en el lado opuesto de la Lonja de los Paños, en el extremo noreste.

o Los martes es gratis pero hay que reservar con dos semanas de antelación porque las entradas vuelan.

✖ Una pausa

o Hay un café en el museo.

o Si no, el **B.O.H.O. Coffee & Bar** (plano p. 62, E5) está solo una manzana al este de la Rynek, y es ideal para un café, una cerveza o picar algo.

Las mejores experiencias 📷

Admirar la arquitectura del Collegium Maius

El Collegium Maius, construido como parte de la Academia de Cracovia (hoy la Universidad Jagellónica), es el edificio universitario más antiguo que se conserva en Polonia, y uno de los mejores ejemplos de arquitectura gótica del s. xv en la ciudad. Cuenta con un magnífico patio porticado (que abre de 7.00 al atardecer) y una fascinante colección universitaria.

🎯 PLANO P. 62, B4

www.maius.uj.edu.pl

Patio del reloj

Aunque no se visite el interior, se recomienda echar un vistazo al pintoresco patio tardogótico del s. xv, a ser posible antes de las 13.00 para asistir a un breve espectáculo de figuras históricas de madera del s. xvi que desfilan al son de una vieja canción estudiantil, *Gaudeamus Igitur,* debajo del reloj del patio.

Instrumentos de Copérnico

La visita guiada pasa por varias salas históricas, a destacar la que exhibe equipos científicos excepcionales de los ss. xv y xvi, como globos y una especie de telescopios que quizá utilizó uno de los exalumnos más preclaros de la universidad, Nicolás Copérnico, que estudió aquí en la década de 1490 y del que se exhiben algunos de sus manuscritos.

Globo jagellónico

Se exponen muchas pinturas, esculturas, dibujos y piezas decorativas, pero también hay una exposición aparte dedicada a la pintura medieval y las artes visuales. La curiosidad más llamativa es el globo terráqueo jagellónico (de 1510 aprox.), el más antiguo del mundo que representa el continente americano (aunque las barreras impiden que el visitante se pueda acercar mucho).

Aula

Esta antigua aula magna cuenta con un alto techo renacentista, paredes cubiertas de retratos de reyes, benefactores y rectores de la universidad (cinco de los cuales acabaron en el campo de concentración nazi de Sachsenhausen en 1939). La sala del Tesoro custodia las copias de los documentos fundacionales de la universidad en 1364, cetros de varios rectores y la mesa de plata martillada de Juan III Sobieski y un Oscar ganado por el director Andrzej Wajda.

★ Consejos

o Cada día se ofrece una visita guiada en inglés a las 13.00. Los miércoles es el único día que se puede visitar por libre.

o En verano se recomienda reservar con antelación, en persona o por teléfono.

o La entrada al patio es gratis.

o Cada día, a las 13.00, la réplica del reloj en el lado sur repica y su elenco de personajes se pone en marcha.

✕ Una pausa

o En el museo hay un café que está bien.

o Para algo más consistente, el Chimera Salad Bar (p. 69) está al doblar la esquina desde la entrada principal.

Circuito a pie 🥾

Clubes y cafés históricos

Durante siglos, la plaza del Mercado ha sido el centro neurálgico y el corazón intelectual de la ciudad. Desde la caída del comunismo, muchas de las antiguas bodegas de la Ciudad Vieja han sido convertidas en refugios evocadores que atraen a aficionados al jazz y a quienes quieren tomarse un vodka frío y comer un sledzia *(arenque encurtido).*

Datos

Inicio Plaza del Mercado
Final Plaza del Mercado
Duración 1 km; 2 h

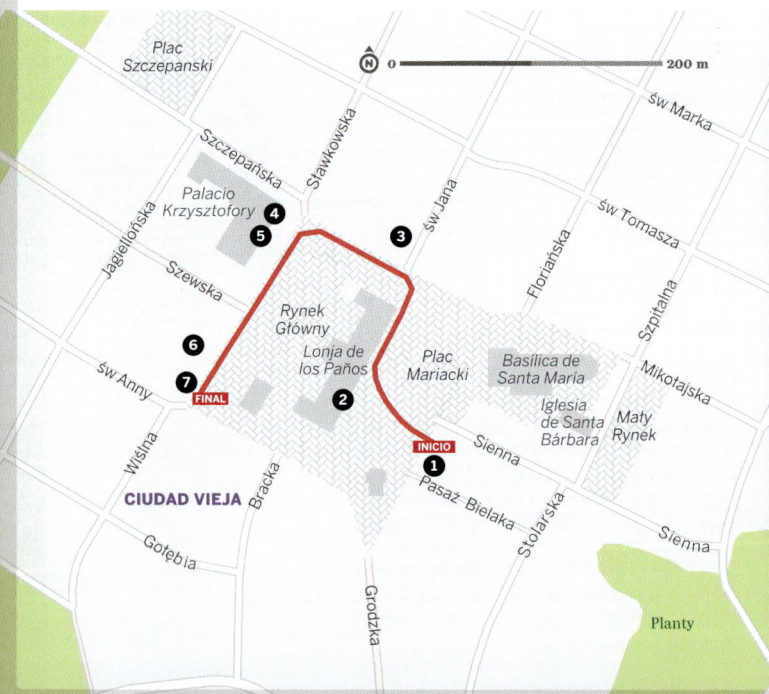

❶ Club épico

El **Klub Pod Jaszczurami** (www.podjaszczurami.pl) triunfa entre los estudiantes desde la década de 1960, y sus paredes están empapeladas con fotos de los conciertos de todos esos años. Aunque hoy haya perdido fuelle, el escenario principal aún lo peta con ese ambiente de antaño.

❷ El favorito de los políticos

Hay que al **Café Noworolski** (www.noworolski.com.pl) para admirar su interior *art nouveau* del artista polaco Józef Mehoffer. Lleva aquí desde 1910, sirviendo a figuras como Lenin y convirtiéndose, más tarde, en el favorito de los oficiales nazis durante la ocupación.

❸ Clásico comunista

Cada temporada abren y cierran clubes en Cracovia pero el incondicional **Feniks** (www.feniksklub.com), situado en la plaza mayor, ha sobrevivido y apenas ha cambiado desde la época comunista, como demuestra su interior.

❹ Estilo 'flapper'

El mayor encanto del **Europejska** (www.europejska.pl) es el ambiente añejo en las salas traseras del palacio Krzysztofory del s. XVII. El empapelado a rayas, los bancos corridos de terciopelo, los espejos, las luces de araña y los gramófonos transportan de pleno a la década de 1920.

❺ Conocer a Gustav Klimt

El modesto exterior del **Hawełka** (p. 70) esconde en su interior un mundo de esplendor *art nouveau* de finales del s. XIX. Será como retroceder a la época de la ocupación austríaca anterior a la I Guerra Mundial. Hay que buscar la reproducción de *El homenaje prusiano* de Jan Matejko.

❻ Galería de granujas

Vis-à-vis, con su diminuta barra, es famoso por servir las cervezas más económicas de la plaza mayor y por ser lugar de encuentro de artistas, pintores, poetas, cantantes y actores.

❼ Un 'pub' para la posteridad

El **Piwnica Pod Baranami** (www.piwnicapodbaranami.pl) recuerda la década de 1950, cuando funcionaba como "cabaré literario". Este sótano abovedado programa un festival de *jazz* en verano y conciertos y recitales el resto del año. Su público nocturno lo forman intelectuales, artistas locales y otros bohemios.

62

Ciudad Vieja

Reseñas en:
- Las mejores experiencias — p. 54
- Puntos de interés — p. 64
- Dónde comer — p. 67
- Dónde beber — p. 71
- Ocio — p. 73
- De compras — p. 75

Ciudad Vieja

Puntos de interés

Lonja de los Paños

EDIFICIO HISTÓRICO

1 PLANO P. 62, D4

Este edificio, en la plaza del Mercado, fue en la Edad Media el epicentro del comercio textil de Cracovia. Creada a principios del s. XIV, cuando se colocó un tejado sobre dos filas de tenderetes, posteriormente se amplió convirtiéndose en una estructura gótica de 108 m que, tras arder en 1555, se reconstruyó en estilo renacentista; los soportales se añadieron a finales del s. XIX. La planta baja es un concurrido centro de artesanías y recuerdos; la **Galería de Pintura Polaca del s. XIX** (www.mnk.pl) está en el piso superior.

Lonja de los Paños.

KRZYSZTOF DYDYNSKI/LONELY PLANET ®

Museo Czartoryski

MUSEO

2 PLANO P. 62, E2

La colección de arte más rica de Cracovia, que incluye *La dama del armiño* (1489-1490) de Leonardo da Vinci, pertenecía a los Czartoryski, una familia noble que como gesto patriótico la abrió a todos los polacos. Además de la pieza estelar de Leonardo, y de otras de grandes maestros, hay arte griego, romano, egipcio y etrusco, armaduras aladas de los húsares, trofeos arrebatados a los turcos en la batalla de Viena (1683) y las espadas de la batalla de Grunwald del s. XV.

Aparte de las pinturas, el museo cuenta con una historia apasionante. La colección, trasladada en secreto a París en el año 1830, se llevó a Cracovia en la década de 1870. Durante la II Guerra Mundial, los nazis se apropiaron de muchos cuadros valiosos y se los llevaron a Alemania. Algunos nunca se recuperaron. (www.mnk.pl)

Museo de la Farmacia

MUSEO

3 PLANO P. 62, F3

Casa renacentista que data del s. XV, con cocodrilos, lagartos y murciélagos momificados que cuelgan del techo, que tiene cinco pisos de instrumentos farmacéuticos, frascos con sustancias misteriosas y demás objetos relacionados con la historia de la farmacia. Se han recreado varias farmacias del s. XIX y principios del s. XX, con especial atención al "católico justo" Tadeusz Pankiewicz y a la farmacia que dirigió en el gueto judío durante la ocupación alemana.

Se puede descubrir qué dolencias se trataban con la aplicación de "moscas españolas" (cantáridas), ojos de cangrejo, bezoar y cuerno de unicornio, y después bajar al sótano para examinar los alambiques de cristal, equipos de destilación, morteros y el camarín de los venenos en el laboratorio reconstruido de un alquimista. Después hay que subir al desván, con ramos de hierbas secas colgados del techo, donde se guardan los tratados medievales médicos de hierbas más avanzados de la época. (www.muzeum.farmacja. uj.edu.pl)

Basílica de la Santísima Trinidad MONASTERIO

4 ⊙ PLANO P. 62, E6

Esta enorme iglesia se construyó en el s. XIII pero quedó muy dañada por un incendio en 1850. Conviene fijarse en el portal primigenio del s. XIV de la entrada principal (oeste). Al monasterio, detrás del muro norte de la iglesia, se accede desde la calle (por una puerta sin señalizar en Stolarska 12). Cerrada a los turistas durante la misa dominical. (www.krakow.dominikanie.pl)

Museo de Historia de Cracovia MUSEO

5 ⊙ PLANO P. 62, D3

En la esquina norte de la plaza, el palacio Krzysztofory del s. XVII alberga una colección que incluye la exposición interactiva "Cyberteka", que describe la evolución de la ciudad desde su nacimiento a la I Guerra Mundial. El laberíntico museo tiene un montón de objetos relacionados con el pasado de la ciudad: relojes antiguos, armaduras, pinturas, los famosos *szopki* (belenes) de Cracovia, la indumentaria del Lajkonik, etc. (www. muzeumkrakowa.pl)

Palacio de Bellas Artes GALERÍA

6 ⊙ PLANO P. 62, C2

La atracción central de Plac Szczepański, de estilo art *nouveau,* es este elaborado palacio del lado oeste. Un increíble friso rodea el edificio (obra de Jacek Malczewski), mientras los bustos de la fachada recuerdan a artistas polacos. Acoge exposiciones temporales de arte. (www.palac-sztuki. krakow.pl)

MICET MUSEO

7 ⊙ PLANO P. 62, C3

En el **Teatro Stary** (www.stary.pl), el MICET es un museo interactivo donde los visitantes aprenden los oficios vinculados al teatro y después se aplican para componer sus propias escenas, vestuario y decorados. Es apto para niños, e ideal para aquellos visitantes (de cualquier edad) interesados en lo que ocurre entre bambalinas. (www.micet.pl)

Muralla defensiva LUGAR HISTÓRICO

8 PLANO P. 62, G2

Este pequeño museo incluye la entrada a la puerta de San Florián (p. 43) y a la **barbacana** (plano p. 62, F1; www.muzeumkrakowa.pl), entre los pocos vestigios que se conservan de las murallas defensivas medievales. La puerta de San Florián, del s. XIV, fue antaño la entrada principal a la ciudad. La barbacana, un bastión circular con siete torreones, se construyó a finales del s. XV para aumentar la protección. En su día estaba conectada a la puerta por un estrecho pasaje que discurría por encima de un foso. (www.muzeum krakowa.pl)

Iglesia de Santa Ana IGLESIA

9 PLANO P. 62, B4

Diseñada por Tylman van Gameren y construida a finales del s. XVII como iglesia universitaria, fue durante mucho tiempo escenario de inauguraciones del año académico, entregas de títulos de doctorado y última morada de profesores y rectores universitarios. Un interior espacioso de color blanco con bonitos muebles, lápidas y epitafios, y engalanado con fabulosas obras de yesería y murales la convierten en uno de los mejores ejemplos de barroco clásico de Polonia. (www.kolegiata -anna.pl)

Palacio de Bellas Artes (p. 65).

MAYKOVA GALINA/SHUTTERSTOCK ©

Free Walking Tour
A PIE

10 PLANO P. 62, F2

Estos circuitos a pie por la Ciudad Vieja y Kazimierz los ofrecen guías acreditados cuyo sueldo son las propinas. Salen cuatro veces al día por la Ciudad Vieja de marzo a octubre (menos frecuencia nov-feb) desde cerca de la puerta de San Florián. Los guías portan un paraguas amarillo. Consultar la web para otros circuitos. (www.freewalkingtour.com)

Krákow Bike Tour
EN BICICLETA

11 PLANO P. 62, D5

Se puede dar una vuelta de 3½ h por la ciudad (100 PLN) en un circuito que sale dos veces al día a las 10.00 y 16.00 (jun-sep) y una vez al día a las 10.00 (may-jun y oct-abr). El recorrido va desde las murallas de la Ciudad Vieja y la colina de Wawel hasta la Fábrica de Schindler en Podgórze. (www.krakowbiketour.com)

Delicious Poland
ALIMENTACIÓN

12 PLANO P. 62, G6

Hay que reservar con tiempo esos circuitos (3½ h) en grupos reducidos para probar especialidades polacas, como *pierogi,* cerveza artesana, pan de manteca de cerdo y un vodka de primera. Mientras se callejea por Kazimierz, los guías aportan información interesante sobre la historia y cultura del barrio. (www.deliciouspoland.com)

La plaza del Mercado

La **plaza del Mercado** (plano p. 62, D4) es la plaza medieval más grande de Europa (200 x 200 m) y uno de los ejemplos de planificación urbana más bonitos del continente. Su trazado, basado en el de un *castrum* (campamento militar romano), se realizó en 1257 y se ha conservado hasta hoy, aunque los edificios han cambiado a lo largo de los siglos.

Kraków Pub Crawl
A PIE

13 PLANO P. 62, D4

Este operador organiza inmersiones en el mundo del vodka polaco y circuitos de cerveza artesana, desde catas a excursiones guiadas por un maestro cervecero. Salen de delante de la estatua de Adam Mickiewicz en la plaza del Mercado. Reservar antes en línea. (www.krawlthroughkrakow.com)

Dónde comer

Nota Resto
POLACA €€€

14 PLANO P. 62, G4

Ofrece una carta corta pero adorable de clásicos polacos modernizados y combinaciones de ingredientes atrevidas, creados por Tomasz Leśniak (el chef oficial del equipo nacional de fútbol masculino de Polonia), tales como pechuga de pato con lasaña de col lombarda e hibisco o bolas rellenas de carne de venado con ciruelas. Uno puede

El movimiento de la Joven Polonia

El movimiento *art nouveau* nació en París en 1895 y se extendió por toda Europa pero en Polonia se manifestó como Mloda Polska (Joven Polonia), nacido de la oposición a la partición extranjera de Polonia, y que abarcaba impresionismo, *art nouveau*, teatro vanguardista y una bohemia que estaba por encima del bien y del mal. Entre sus miembros más destacados estaban el pintor modernista Jan Stanislawski, el muralista Józef Mehoffer y el maestro vidriero Stanisław Wyspiański, que se reunían en el **Jama Michalika** (plano p. 62, F2; www.jamamichalika.pl), donde aún se pueden admirar vitrales modernistas y carpintería *art nouveau*. Otro venerable local *fin-de-siècle* vinculado al movimiento es el ostentoso **Teatr im Słowackiego** (p. 74), con su prodigalidad de motivos neobarrocos.

darse un capricho con un menú degustación y probarlo todo. Imprescindible reservar. (www.notaresto.pl)

Artesse   POLACA €€€

15 ✕ PLANO P. 62, E2

El palacio Lubomirski es el marco para esta cocina sensacional que aúna un profundo conocimiento del patrimonio culinario de Polonia con ingredientes de temporada y técnicas modernas. Tiene dos menús degustación que incluyen recetas polacas ancestrales reconstruidas y exquisitamente presentadas, con maridaje selecto de vinos. Reservar con mucha antelación. (www.artesse.pl)

Cyrano de Bergerac   FRANCESA €€€

16 ✕ PLANO P. 62, E2

Los muros de piedra tosca de una bodega antigua, las velas y los manteles blancos crean el escenario en este acogedor restaurante de comida francesa. ¿Qué tal unas ostras o unas mollejas para empezar, seguir con un confit de pato y terminar con una *crème brûlée* de premio? Cuando hace calor colocan mesas en un patio cubierto. (www.cyranodebergerac.pl)

Farina   INTERNACIONAL €€

17 ✕ PLANO P. 62, E2

Es elegante pero no estirado y sirve cocina polaca en versión contemporánea y el pescado y marisco por el que es famoso desde hace tiempo, por ejemplo, mejillones a la trufa, ganso a la *sous vide* con higos o el sensacional rodaballo con champiñones y espárragos verdes. (www.farina.com.pl)

Chimera Salad Bar
VEGETARIANA €

18 🍴 PLANO P. 62, C4

Ideal para comer algo rápido y sencillo en la Ciudad Vieja: basta con conseguir un plato (grande o pequeño) y servirse esos alimentos vegetarianos que tienen tan buena pinta. El patio cubierto es encantador. No hay que confundirlo con el restaurante homónimo de la parte de abajo, bastante más caro. (www.chimera.com.pl)

Pho Ever
INTERNACIONAL €

19 🍴 PLANO P. 62, C5

Paul es un tipo ocupado. Empieza el día sirviendo desayunos (inglés, polaco o unos *shakshuka*) y des-pués apuesta más por la cocina francesa, con sopa de cebolla y bullabesa, *boeuf bourguignon, pierogi* y *moules marinière,* todo muy sugerente y a buen precio. (www.paulsplacekrakow.com/alacarte.htm)

Cakester
PANADERÍA €

20 🍴 PLANO P. 62, F4

Panadería de otra época que ofrece muchos desayunos, sándwiches con pan tostado, tortitas y gofres, pero también cafés y batidos excelentes. Su punto fuerte es la atención que prestan a las preferencias dietéticas. Los veganos, vegetarianos y celíacos tendrán mucho donde elegir. (www.cakestercafe.pl)

Los austríacos y el Planty

Los orígenes del bonito **parque Planty** (plano p. 62, F1) parten de una serie de desgracias que se remontan a los repartos de Polonia en el s. XVIII. En décadas posteriores, los austríacos se hicieron con Cracovia pero nadie sabía qué les deparaba el futuro.

Los nuevos administradores quisieron modernizar la vieja capital de Polonia dulcificando su carácter medieval eslavo con la majestuosidad Habsburgo. Se derrumbaron viviendas destartaladas, puestos nauseabundos e iglesias sin encanto para construir puentes recios y un alcantarillado para sanear la ciudad.

Un objetivo clave del proyecto de reurbanización era la muralla medieval. Tras cinco siglos en pie, ya no podía proteger a los residentes de la artillería moderna ni de las nuevas tácticas de asedio. Se derribaron las murallas, las torres y las imponentes puertas de la ciudad, y se colmataron los fosos y zanjas exteriores. Fue así como apareció una nueva muralla verde, un parque de última generación conocido como Planty. Desde la década de 1820, el parque Planty ha sido el lugar donde refugiarse del calor, con sus altos chopos y sus exuberantes prados.

'Obwarzanek', el rey de los 'pretzels'

Un signo inconfundible de que se ha llegado a Cracovia son los puestos, al parecer, omnipresentes de *obwarzanek*, un híbrido entre un *pretzel* y un *bagel*. Cada día se hornean y consumen en Cracovia más de 200 000; para que estén recién hechos hay que pedirlos antes del almuerzo.

Estos roscones trenzados, sancochados, horneados y después espolvoreados con semillas de amapola o sésamo son los antepasados de las roscas judías sin trenzar (pero sí sancochadas) que aparecieron por primera vez en Kazimierz en el año 1610. Los *obwarzanki* se mencionan en los documentos de la corte del rey Vladislao II Jagellón en 1394. El Gremio de Panaderos de Cracovia monopolizó la producción de *obwarzanek* hasta principios del s. XVII, cuando se relajó la legislación. Hoy cualquiera puede hornear un *obwarzanek*, también el viajero, en el **Museo del Obwarzanek** (www.muzeumobwarzanka.com).

Hawełka POLACA €€

21 🍴 PLANO P. 62, D3

Aquí quienes valoren el *art nouveau* o las pinturas de Gustav Klimt se quedarán en auténtico estado de *shock*. Entrarán y retrocederán 100 años. La comida típica polaca, como el pato al estilo cracoviano, tampoco es para hacerle ascos, y los platos del día (40 PLN) al mediodía ofrecen una excelente relación calidad-precio. Si hace bueno se puede comer fuera en la plaza. (www.hawelka.pl)

Bistro The Hours POLACA €€

Entrar a este bistró y coctelería a pie de calle en uno de los palacios más evocadores de la ciudad (véase 15 🍴 plano p. 62, E2) supone impregnarse del ambiente de la década de 1930. Propone una carta de 'historias' cortas y largas de tem-

porada que hay que elegir según el hambre que se tenga; probablemente haya *pappardelle* con atún y cacahuetes o *risotto* de setas a la trufa. Se puede acompañar con cócteles originales mezclados por manos expertas. (https://hotel h15palace.pl)

Pimiento ARGENTINA €€€

22 🍴 PLANO P. 62, E6

Este prestigioso asador tiene cualquier corte de carne de larga maduración, desde el económico filete *porterhouse* a los prohibitivos Wagyu australiano y solomillo Kobe japonés. Este local es ideal para llevar a la pareja, pedir una o dos botellas de malbec y disfrutar del resto de la noche. (www.pimiento.pl)

Kuchnia u Babci Maliny
POLACA €

23 PLANO P. 62, E2

Los dueños de este restaurante-bodega optaron por el tema campesino polaco y lo hicieron a fondo. Basta con bajar las escaleras y guiarse por el olfato hasta los raviolis, los platos de carne y las ensaladas. Se recomienda la *żurek* (sopa agria de centeno y salchicha) de la casa, que aquí se sirve en un cuenco de pan hueco. (www.kuchniaubabcimaliny.pl)

Urara Sushi
JAPONESA €€

24 PLANO P. 62, E3

Uno puede sentarse en un taburete de este luminoso y alegre lugar, especializado en platos japoneses y taiwaneses, y pedir un combinado *shabu-shabu*, sumergir los palitos de tofu, verduras, ternera o cerdo en un humeante caldo de intenso sabor a *umami*, u optar por un combinado de *sushi rolls*, *sashimi* variados o tempura de gambas o verduras. (https://urarasushi.pl)

KuKu Taiwan Bistro
TAIWANESA €

25 PLANO P. 62, C4

Animado restaurante donde se amontonan estudiantes, visitantes y sibaritas con debilidad por los raviolis taiwaneses. Con una eficiencia máxima también aparecen ante el comensal boles de curri taiwanés, *wontons* con salsa muy picante y fideos en sopa de sésamo, con su correspondiente

bubble tea. (www.facebook.com/KukuTajwan)

Antler Poutine & Burger
HAMBURGUESAS €

26 PLANO P. 62, C5

Hamburguesas canadienses (la hamburguesa "Edmonton" viene con arándanos y mayonesa), más un genuino *poutine* (patatas fritas en jugo de carne y mucho queso fundido). Se pide en el mostrador para comer allí o para llevar. (www.facebook.com/antlerkrakow)

Charlotte Chleb i Wino
PANADERÍA €

27 PLANO P. 62, C3

Es el local cracoviano de un popular restaurante de Varsovia sirve cruasanes, *baguettes,* ensaladas y sándwiches. En la artística Plac Szczepański la gente come con elegancia sus *croque-monsieurs* y bebe vinos franceses excelentes pero asequibles. Es perfecto para el café de la mañana. (www.bistro-charlotte.com)

Dónde beber

Café Camelot
CAFÉ

28 PLANO P. 62, E3

Elegante refugio adosado al teatro homónimo y escondido en un rincón de la Ciudad Vieja, donde disfrutar de un café y de una famosa tarta de manzana. Tiene salas llenas de mesas con manteles de ganchillo y velas y una curiosa colección de figuritas de madera que representan escenas espirituales y del folclore. Ideal para un desayuno o un *brunch.* (http://camelotcafe.pl)

Knitted Coffee

CAFETERÍA

29 🚇 PLANO P. 62, D6

¿Que se quiere comprar hilo de calidad y, de paso, disfrutar de un *espresso* o un café de origen único de filtro? Pues no hay mejor lugar: este establecimiento de la Ciudad Vieja es el invento de dos cracovianos muy cafeteros que quisieron combinar sus dos pasiones, el café de calidad y el punto. (http://knittedcoffee.pl)

Lindo

LGTBI

30 🚇 PLANO P. 62, E2

Para tratarse de la Ciudad Vieja es bastante insólito: un bar de ambiente a pocos pasos de la plaza del Mercado. De sus dos plantas, el sótano se anima los fines de semana. El personal es simpático y hospitalario. (www.facebook.com/LindoKrakow)

Café Philo

CAFÉ

31 🚇 PLANO P. 62, C5

Los libros y los discos llenan las paredes negras de ladrillo. Los manoseados muebles de cuero están ocupados por intelectuales que parecen tramar una revolución, pero los parlanchines camareros y la clientela demuestran que no es así. (www.facebook.com/PhiloKrakow)

Bonobo

CAFÉ

32 🚇 PLANO P. 62, F5

¿Qué puede haber mejor que una surtida librería de viajes? Pues una librería de viajes donde uno pueda

Café Camelot (p. 71).

PAULSAT/SHUTTERSTOCK ©

quedarse un rato tomándose un café exprés decente, una copa de tinto chileno y pasteles y tartas veganos. (http://bo-no-bo.pl)

House of Beer
CERVEZA ARTESANA

33 🚌 PLANO P. 62, G4

Entorno de maderas nobles y sofás de cuero, 21 cervezas de barril y más de 200 cervezas polacas de botella, y otras alemanas, lituanas y belgas. Además, sirven comida casera de *pub* de calidad: *fish and chips,* alitas de pollo picantes, sándwiches de carne de cerdo deshebrada y más. (https://house ofbeerkrakow.com)

Pauza
BAR

34 🚌 PLANO P. 62, E5

Hay que subir un tramo de escaleras desde el interior del **Pasaż Bielaka** (www.facebook.com/Pasaz Bielaka) para encontrar este bar urbano, conocido por su ambiente artístico y alternativo. (www. facebook.com/KlubPauza)

Ocio

Harris Piano Jazz Bar
JAZZ

35 ⭐ PLANO P. 62, C4

Animado garito de *jazz* en un evocador sótano en plena plaza del Mercado. Casi cada noche, a partir de las 21.30, hay bandas de *jazz* y de *blues* en directo pero se aconseja ir, al menos, 1 h antes para encontrar sitio (o reservar por teléfono). Los miércoles por la noche hay *jam sessions* (gratis). (www.harris.krakow.pl)

Más que leche

Los *bar mleczny* ("bares de leche") se concibieron como autoservicios económicos y sin lujos, subvencionados por los gobiernos comunistas para ofrecer comidas sencillas a los ciudadanos más pobres. **Milkbar Tomasza** (plano p. 62, F4) es un *bar mleczny* pero en versión moderna que sirve sin complejos tanto paninis como pierogi. **Polskie Smaki** (plano p. 62, D3; www.polskie-smaki.pl) roza la elegancia pero la comida es sencilla.

Polskie Smaki.

KEVIN GEORGE/ALAMY STOCK PHOTO ©

Teatr im Słowackiego
ÓPERA, TEATRO

36 ⭐ PLANO P. 62, G2

Este importante teatro programa clásicos polacos y grandes producciones. Está en un edificio de 1893 inspirado en la Ópera de París, al noreste de la plaza del Mercado. Los espectáculos suelen tener subtítulos en inglés. (www.slowacki.krakow.pl)

Jazz Club u Muniaka
JAZZ

37 ⭐ PLANO P. 62, E4

En una bonita bodega, he aquí uno de los locales de *jazz* más conocidos de Polonia, cuyo artífice fue el saxofonista Janusz Muniak. Conciertos casi cada noche a partir de las 21.30. (www.jazzumuniaka.club)

Piano Rouge
JAZZ

38 ⭐ PLANO P. 62, E4

Este ostentoso club de *jazz* y restaurante subterráneo está decorado con sofás clásicos, lámparas lascivas y torrentes de sedas de colores rabiosos. *Jazz* en directo cada noche a las 21.00. (www.thepianorouge.com.pl)

Szpitalna 1
MÚSICA EN DIRECTO

39 ⭐ PLANO P. 62, F4

Impresionante sala de conciertos y coctelería con una ecléctica programación de electrónica, *rock* y monologuistas. La carta de cócteles es igual de ecléctica, con clásicos como piñas coladas, *mai tais* y daiquiris. Más información en su página de Facebook. (www.facebook.com/szpitalna1)

Piano Rouge.

De compras

Galeria Dyląg
ARTE

40 🔒 PLANO P. 62, G4

Esta galería pequeña y exclusiva tiene obras de artistas polacos de las décadas de 1940 a 1970, por ejemplo las pinturas creadas con la técnica del goteado, muy a lo Jackson Pollock, de finales de la década de 1950. Vende muchas piezas de artistas cuya obra se expone en museos. (www.dylag.pl)

Galeria Plakatu
ARTE

41 🔒 PLANO P. 62, E5

Polonia siempre ha sobresalido en el infravalorado arte de los carteles de cine y esta tienda asombrosa tiene la mayor y mejor selección de carteles de la ciudad, creados por muchos de los artistas gráficos más prominentes de Polonia. (www.cracowpostergallery.com)

Iris Galerie
REGALOS Y RECUERDOS

42 🔒 PLANO P. 62, D6

Parecen planetas de otras galaxias: mundos acuáticos helados o áridas entidades como Tatouine. Pero vistos de cerca, se comprobará que son primeros planos de iris en altísima resolución. Para que uno convierta su propio iris en una obra de arte única. (https://en.iris galerie.com)

Kacper Ryx
REGALOS Y RECUERDOS

43 🔒 PLANO P. 62, F4

Una tienda excepcional para regalos y recuerdos: tallas, cerámica, camisas y vestidos tradicionales de primera calidad, entre otras muchas otras cosas para meter en la maleta y llevar a casa. Se accede por la Casa de Hipólito, unas dependencias del Museo de Historia de la Ciudad de Cracovia que alberga recreaciones fidedignas de interiores de casas señoriales de los ss. XVII al XIX, que se halla al lado. (www.sklep.kacperryx.pl)

Salon Antyków Pasja
ANTIGÜEDADES

44 🔒 PLANO P. 62, C4

Este consolidado anticuario es como un museo pequeño con tres salas llenas de relojes, mapas, cuadros, lámparas, esculturas y muebles. Pero es mejor que un museo porque todo está a la venta. (www.antykwariat-pasja.pl)

Galeria Boruni
JOYERÍA

45 🔒 PLANO P. 62, E3

Los amantes del ámbar deberían pasar por este imperio minorista, con un sinfín de estuches con anillos, collares, broches y pendientes, más un 'museo' (gratis), donde se puede ver cómo cortan, pulen y engastan esta resina. Boruni incluye un certificado de calidad con cada compra. Hay otra tienda y galería (p. 51) cerca de la colina de Wawel. (https://boruni.pl)

Explorar ⊕

Kazimierz

Durante buena parte de sus 700 años de historia, Kazimierz era una localidad independiente con sus propios fueros y leyes municipales. Sus habitantes judíos y cristianos crearon dos comunidades diferenciadas que convivieron durante siglos. En la actualidad, Kazimierz no solo alberga muchos de los lugares del patrimonio judío más importantes de la ciudad sino también sus cafés, clubes y restaurantes más populares.

Lo esencial

○ **Museo Judío de Galitzia (p. 78)** *Reflexionar sobre el destino de la población judía de la región a través de la fotografía.*

○ **Sinagoga Vieja (p. 86)** *Conocer los ritos judíos que fueron una parte importante de la vida durante siglos.*

○ **Cementerio Remuh (p. 86)** *Retroceder hasta los orígenes del Kazimierz judío en el Renacimiento.*

○ **Sinagoga del Tiempo (p. 86)** *Admirar la restauración que le ha devuelto el aire de mediados del s. XIX.*

○ **Iglesia del Corpus Christi (p. 86)** *Constatar las dimensiones e importancia de esta preciosa iglesia gótica.*

Cómo llegar y desplazarse

🚊 Las líneas nº 3, 19 y 24 circulan por el este de Kazimierz, cerca del antiguo gueto judío.

🚊 Las líneas nº 6, 8, 10 y 13 van a la parte oeste, cerca de Plac Wolnica.

Plano de la zona en p. 84.

Kazimierz. NOWACZYK/SHUTTERSTOCK ©

Las mejores experiencias 📷

Conocer el pasado en el Museo Judío de Galitzia

Este museo aborda la historia judía y el impacto del Holocausto desde una perspectiva distinta. En lugar de presentar objetos del pasado, las exposiciones principales se construyen en torno a cientos de fotografías actuales de lugares que antaño desempeñaron un importante papel en la cultura y patrimonio judíos. El objetivo es ayudar a ver el pasado con los ojos del presente.

◎ PLANO P. 84, H4

www.galiciajewish
museum.org

Las huellas de la memoria

La gran protagonista del museo es el conmovedor ensayo fotográfico "Las huellas de la memoria: una mirada contemporánea al pasado judío en Polonia", que muestra lo que queda de la otrora próspera comunidad judía en el sureste del país. La exposición fue ideada por el ya fallecido fotógrafo Chris Schwarz, en colaboración con Jonathan Webber.

Una memoria inacabada

"Una memoria inacabada: patrimonio judío y el holocausto en Galitzia oriental" se vale de las mismas técnicas utilizadas para explorar la historia y memoria judías, pero amplía la frontera geográfica a Galitzia oriental (actual Ucrania occidental). La exposición, basada en fotografías y textos de Jason Francisco, recoge el impacto continuado del patrimonio judío en la región.

Exposiciones temporales

El museo se ha forjado una reputación programando importantes exposiciones temporales que complementan el propósito de la institución. De las pasadas destacar los vídeos testimoniales de supervivientes del Holocausto y la exposición "Héroes polacos: aquellos que rescataron a los judíos".

Programa cultural

El museo no se ciñe solo a las propuestas del típico museo de historia sino que fomenta y acoge actuaciones teatrales y musicales que hace coincidir con acontecimientos como el Festival de la Cultura Judía, que se celebra a finales de junio o principios de julio en la ciudad. Consultar la programación en su web.

★ Consejos

○ El museo tiene una excelente librería, con muchos títulos sobre la historia de Polonia y de Galitzia, los judíos y el Holocausto.

○ También organiza circuitos por Kazimierz y Podgórze, y salidas al Museo y monumento conmemorativo de Auschwitz-Birkenau.

○ Es uno de los pocos museos importantes de la ciudad que abre los lunes durante todo el año.

✗ Una pausa

○ El museo tiene su propio café.

○ Cerca está **Bagelmama** (www.facebook.com/bagelmama), con fabulosos bocadillos en pan de *bagel* y reconstituyentes cafés. También prepara almuerzos ligeros, como flautas y chile con carne.

Circuito a pie

Kazimierz cristiano y judío

Casi todos los circuitos se centran exclusivamente en el Kazimierz judío, pero lo cierto es que en el barrio convivieron durante siglos dos importantes comunidades: la cristiana y la judía. Este recorrido demuestra la notable diversidad de la zona.

Datos

Inicio Iglesia paulina de San Miguel y San Estanislao

Final Museo Judío de Galitzia

Duración 3 km; 2 h

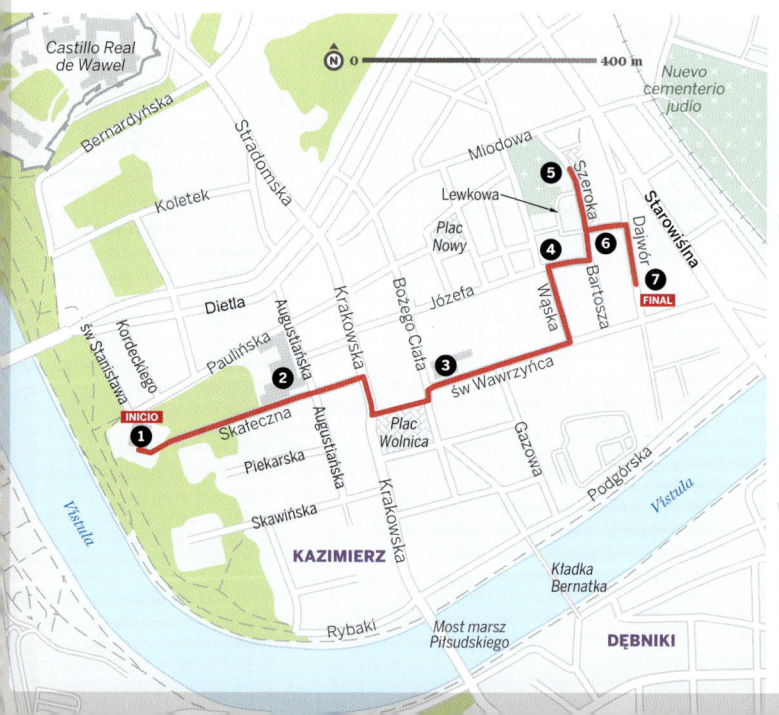

❶ Monasterio antiguo

Se empieza en la **iglesia paulina de San Miguel y San Estanislao** (p. 89), con su exterior barroco de mediados del s. XVIII (que esconde una historia mucho más larga) y sus imponentes vistas del Vístula. Debajo de la entrada principal hay una cripta con los restos de eminentes figuras culturales, como el escritor Czesław Miłosz (1911-2004), ganador del Premio Nobel.

❷ Esplendor gótico

Siguiendo la calleja al este se llega a la enorme **iglesia de Santa Catalina** (www.kazimierz.augustianie.pl), de principios del s. XIV, cuando Kazimierz era una localidad independiente de Cracovia. El exterior gótico es tal cual era y el espacioso interior acoge conciertos y otros eventos.

❸ La iglesia parroquial

Se cruza la transitada ul Krakowska y Plac Wolnica para ver otra preciosidad gótica, la **iglesia del Corpus Christi** (p. 86) de 1340, que fue la principal iglesia parroquial de Kazimierz. El austero exterior es gótico, pero el interior es barroco, con vitrales de principios del s. XV.

❹ Entrada a la judería

Al ir al este por ul Św Wawrzyńca se deja atrás la zona cristiana histórica para entrar al antiguo barrio judío. Se puede girar a la izquierda por ul Wąska para ver la evocadora fachada de la **sinagoga Alta** (p. 87). Hoy no ofrece servicios pero tiene una exposición interesante en el 2º piso.

❺ Cementerio renacentista

Si se callejea hacia el este por sinuosos callejones se desembocará en ul Szeroka, tradicionalmente el centro de la judería. Cerca del extremo norte están la **sinagoga Remuh** (p. 88), del s. XVI, y su cementerio adosado.

❻ Objetos sacros

La **Sinagoga Vieja** (p. 86), de finales del s. XV, es la más antigua del país, de ahí su nombre. El museo que alberga ilustra sobre la historia judía local y los objetos sacros.

❼ Fotografía que conmueve

Al salir del barrio judío principal, en la desangelada ul Dajwor, el **Museo Judío de Galitzia** (p. 78) pretende unir el patrimonio judío perdido de la ciudad (y la región) con el mundo de hoy con fotografías y textos.

Circuito a pie

De galerías por Kazimierz

Kazimierz es ideal para ir de tiendas porque las hay muy curiosas que van más allá de las manidas tiendas de recuerdos y ámbar. Los alquileres aún bastante bajos (aunque suben rápido) permiten a los comerciantes vender creaciones propias o antigüedades genuinas a precios de saldo pero hay que saber distinguir lo realmente valioso de lo simplemente interesante.

Datos

Inicio Raven Gallery

Final Błażko Jewellery Design

Duración 3 km; 3 h

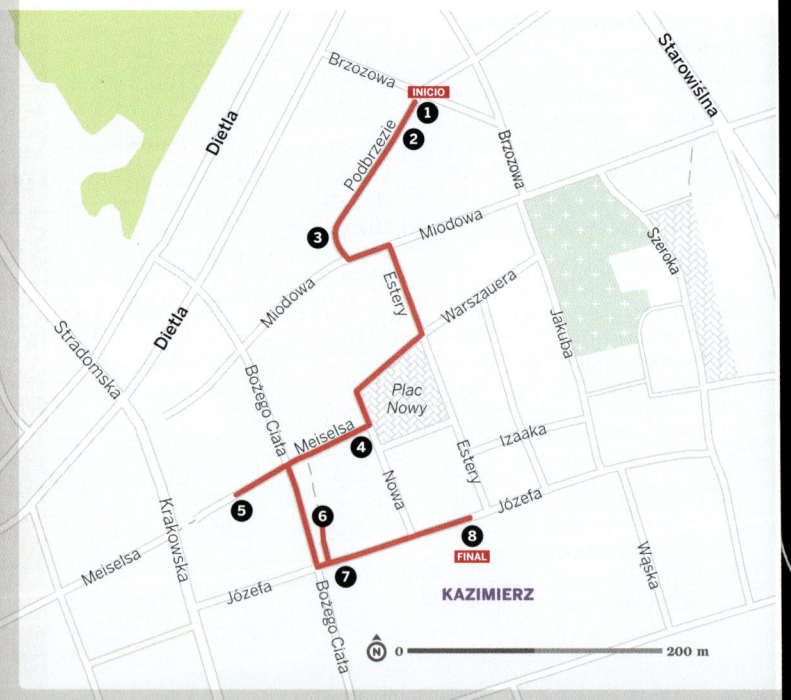

❶ Del cubismo al arte moderno

La conservadora de arte Zofia Kruk ha reunido una pequeña pero impresionante colección de pinturas polacas que van desde la década de 1930 hasta hoy en **Raven Gallery** (www.raven.krakow.pl). Precios altos pero justos por la calidad de las piezas.

❷ La "Tienda Vieja"

Un bálsamo para las galerías de arte de categoría del barrio, la mal ventilada **Stary Szklep** (p. 97) roza esa línea tan fina entre anticuario y chamarilería. Pero es divertido echar un vistazo aquí.

❸ Postales 'vintage'

La **Galeria LueLue** (www.luelue.pl) se especializa en fotografías *vintage,* sobre todo de una Cracovia en blanco y negro de las décadas de 1920 y 1930. La mayoría son copias asequibles pero también hay originales.

❹ Pilas de recuerdos

Hay que bajar al sótano de la **Fundación Judaica** (www.judaica.pl), donde se exhiben siglos de objetos personales abandonados: cuadros, pósteres, joyas, etc.

❺ Moda retro

Vanilla vende ropa de mujer de segunda mano de famosos diseñadores internacionales a mejor precio que en las *boutiques* de lujo.

❻ No todos los superhéroes llevan capas

Por el pasaje de Schindler, **7th Continent** (7th-continent.com) es para quienes gusten de ver a gatos y perros en poses de superhéroes, y a políticos vestidos en trajes imposibles (Clinton como la Mujer Maravilla, Xi como Superman, etc.).

❼ Regreso al futuro

La era comunista fue inesperadamente fructífera en interiorismo y diseño de productos. Hay que husmear en la tienda **Szpeje** (www.szpeje.com), en Kazimierz, para comprobar lo actuales que aún son algunos de esos viejos diseños.

❽ Joyería de lujo

Las llamativas creaciones de Grzegorz Błażko se exponen en **Błażko Jewellery Design** (www.blazko.pl), un pequeño taller en plena zona de galerías de Kazimierz, en ul Józefa.

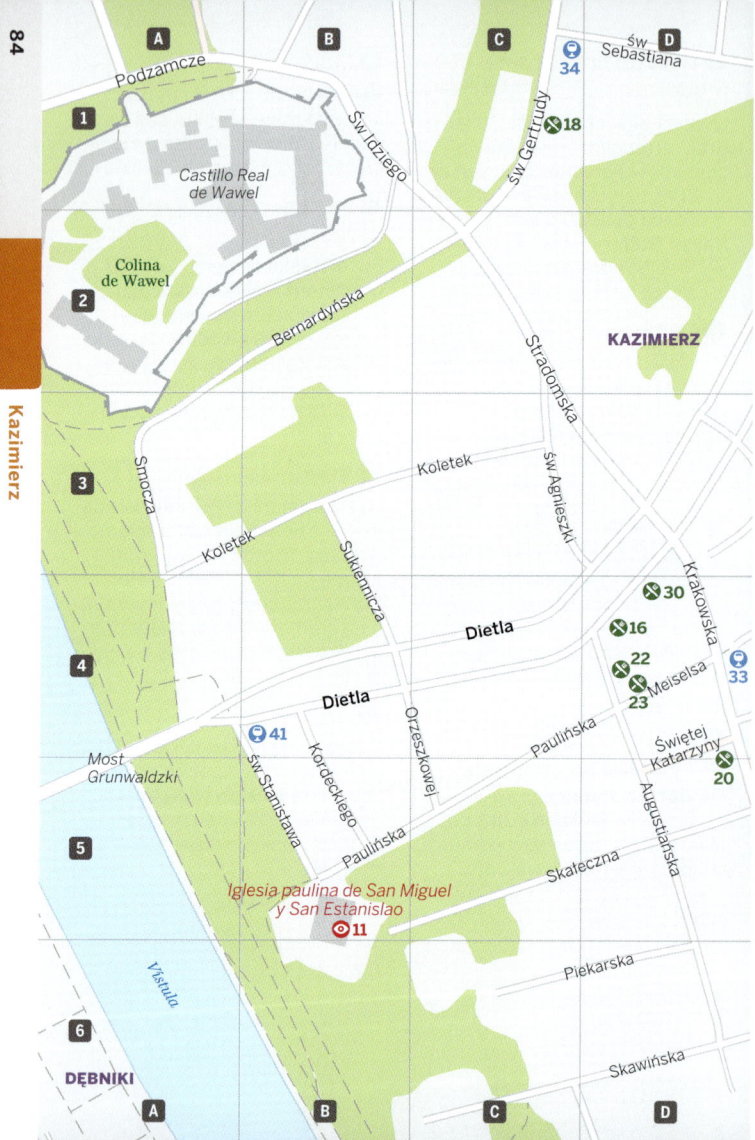

84

Kazimierz

A B C D

Podzamcze

św. Sebastiana

34

1

św. Idziego

św. Gertrudy

18

Castillo Real de Wawel

Colina de Wawel

2

KAZIMIERZ

Bernardyńska

Stradomska

3

Smocza

Koletek

św. Agnieszki

Koletek

Sukiennicza

Krakowska

30

Dietla

16

22

Meiselsa

23

33

4

Dietla

Orzeszkowej

Paulińska

41

Most Grunwaldzki

św. Stanisława

Kordeckiego

Paulińska

Świętej Katarzyny

20

Augustiańska

5

Skałeczna

Iglesia paulina de San Miguel y San Estanislao

11

Piekarska

Vístula

6

Skawińska

DĘBNIKI

A B C D

Reseñas en:
- Las mejores experiencias p. 78
- Puntos de interés p. 86
- Dónde comer p. 89
- Dónde beber p. 94
- De compras p. 97

Kazimierz

Puntos de interés

Sinagoga Vieja
MUSEO

1 ⊙ PLANO P. 84, G3

Esta sinagoga del s. XV es la más antigua que se conserva en Polonia. Durante la II Guerra Mundial, fue saqueada y parcialmente destruida por los alemanes pero luego se restauró. La sala de oración, con su *bimah* (plataforma elevada en el centro donde se lee la Torá) reconstruido y su *aron kodesh* (la recámara en la pared del este donde se guardan los rollos de la Torá) original, alberga una exposición de objetos litúrgicos. (www.muzeum krakowa.pl)

Cementerio Remuh
CEMENTERIO

2 ⊙ PLANO P. 84, F3

Este evocador cementerio está situado detrás de la sinagoga Remuh (p. 88) y se remonta al período renacentista del s. XVI. Fue el principal camposanto del barrio antes de ser cerrado por razones higiénicas a finales del s. XVIII, cuando se creó el nuevo cementerio judío (p. 127), más grande. Durante la II Guerra Mundial, los nazis destrozaron las tumbas, pero se han recuperado unas 700 lápidas, algunas de ellas excepcionales ejemplos renacentistas. La entrada incluye el acceso a la sinagoga. (www.krakow.jewish.org.pl)

Iglesia del Corpus Christi
IGLESIA

3 ⊙ PLANO P. 84, E5

Fundada en 1340, fue la primera iglesia en Kazimierz, en la esquina noreste de Plac Wolnica. Su interior es barroco casi en su totalidad, con un enorme altar mayor, una descomunal sillería labrada en el presbiterio y un púlpito en forma de barco. Conviene fijarse en el vitral de principios del s. XV que se conserva en el sagrario y el crucifijo que cuelga sobre el presbiterio. (www.bozecialo.net)

Sinagoga del Tiempo
SINAGOGA

4 ⊙ PLANO P. 84, E2

De mediados del s. XIX, la sinagoga del Tiempo (sinagoga Tempel en polaco) es una de las visualmente más llamativas del barrio. Se construyó en estilo morisco pero se sometió a unas fastuosas reformas durante las últimas décadas tras ser parcialmente destruida por los nazis durante la II Guerra Mundial. Actualmente no oficia servicios pero sí acoge algún concierto y evento ocasional. (www.krakow.jewish.org.pl)

Plac Nowy
PLAZA

5 ⊙ PLANO P. 84, E3

Esta popular plaza señala el centro de Kazimierz, con su característico edificio circular de principios del s. XX en el centro. Este lugar fue en su día el corazón comercial de la antigua judería. Hoy es un lugar de bares donde pasar el rato y, quizá, disfrutar de una *zapiekanka,* una *baguette* abierta a modo de *pizza* con quesos y otros ingredientes por encima que venden en puestos de la rotonda. Los fines de semana se montan mercadillos.

Sinagoga Alta

SINAGOGA

6 PLANO P. 84, G4

Esta antigua casa de culto renacentista se construyó en torno a 1560 y es la tercera sinagoga más antigua después de la Vieja y la Remuh. Debe su nombre al hecho que la sala de oración estaba en la 1ª planta, mientras en la planta baja había tiendas. La sinagoga no funciona como tal pero acoge una exposición fotográfica permanente sobre las familias de Kazimierz. Abajo hay una sucursal de Auste-

ria (p. 97), una cadena de librerías judía. (www.krakow.jewish.org.pl)

Sinagoga Kupa

SINAGOGA

7 PLANO P. 84, F3

Esta pequeña sinagoga, de mediados del s. XVI, empezó siendo un hospital construido parcialmente en las murallas de la localidad de Kazimierz (que aún hoy pueden verse). Fue saqueada durante la II Guerra Mundial y no se restauró hasta principios del s. XXI. Destacan los frescos del techo de la década de 1920 y unas insólitas pinturas del zodíaco. Hay una pequeña exposición en la antigua galería de las mujeres (piso superior) sobre los judíos en Polonia después de la II Guerra Mundial. (www.krakow.jewish.org.pl)

Plac Nowy (p. 86).

Breve historia de Kazimierz

Hoy, Kazimierz está totalmente integrado en Cracovia pero no siempre fue así. Durante los primeros siglos de su existencia, que arrancó en el s. XIV, era una localidad independiente.

Las familias judías empezaron a llegar en masa a principios del s. XVI, incorporándose a una creciente población católica. Aunque las dos culturas religiosas estuvieran separadas, convivieron casi siempre en paz durante siglos.

Durante la II Guerra Mundial, la ocupación nazi destruyó la comunidad judía y Kazimierz quedó en un estado de abandono tras la guerra.

En la época del régimen comunista, Kazimierz fue un barrio olvidado de Cracovia que rozaba la marginalidad. Pero a principios de la década de 1990 se presentó el cineasta estadounidense Steven Spielberg para rodar la oscarizada *La lista de Schindler* y todo cambió de la noche a la mañana. En los últimos 20 años, los clubes y bares han regresado a la zona, trayendo consigo a estudiantes y profesionales de todo tipo que han fijado su residencia aquí.

Sinagoga Remuh   SINAGOGA

8 ◉ PLANO P. 84, G3

Cerca del extremo septentrional de ul Szeroka está la sinagoga más pequeña del barrio y uno de los dos únicos templos de la zona que todavía ofician servicios religiosos con regularidad. La fundó en 1558 un acaudalado mercader, Israel Isserles, y se asocia con su hijo, el rabino Moisés Isserles, un filósofo y erudito. Con la entrada también se puede acceder al cementerio aledaño. (www.krakow.jewish.org.pl)

Sinagoga de Isaac   SINAGOGA

9 ◉ PLANO P. 84, F3

Es la sinagoga más grande de Cracovia (de 1638) y está cerca del límite suroeste del cementerio Remuh. Tras su destrucción parcial durante la II Guerra Mundial, se devolvió a la comunidad judía en 1989. En el interior se conservan vestigios de la yesería y los murales originales. Ha sido restaurada y ahora acoge la modesta exposición "En recuerdo de los judíos polacos". (www.krakow.jewish.org.pl)

Museo de Ingeniería y Tecnología   MUSEO

10 ◉ PLANO P. 84, F5

Este museo interactivo, que ocupa las antiguas cocheras de tranvías, repasa la historia de la humanidad y sus innovaciones tecnológicas, desde las antiguas rutas comerciales, la planificación urbana en la Antigua Grecia y la construcción de calzadas y acueductos romanos hasta los delirios futuristas de grandeza (colonias humanas en Marte), lo último en robótica urbana (el taxi volador Ehang 184 de Dubái o el robot de entrega de comida a domicilio de Estonia) y los desafíos del cambio climático. Además, abarca las dos revoluciones industriales y los inventos que cambiaron el mundo (máquina de vapor, ferrocarril, telégrafo, teléfono, máquina de escribir, etc.). (www.mimk.com.pl)

Iglesia paulina de San Miguel y San Estanislao IGLESIA

11 PLANO P. 84, B5

Skałka, tal y como llaman en la ciudad a este monasterio y santuario religioso, se remonta a los albores del reino de Polonia. En el 1079, el obispo Estanislao Szczepanowski, santo patrón de Polonia, fue decapitado aquí por orden del rey Bolesław Śmiały (Boleslao el Temerario): el tronco donde lo ejecutaron está al lado del altar. La factura barroca se debe a la remodelación de mediados del s. XVIII. En la cripta (mar-nov) descansan varias eminencias culturales, como el poeta Czesław Miłosz (1911-2004), ganador del Premio Nobel. (www.skalka.paulini.pl)

Museo Etnográfico MUSEO

12 PLANO P. 84, E5

En el antiguo ayuntamiento del s. XVI, este museo ahonda en la cultura rural polaca. Se puede ver el interior reconstruido de tradicionales casas de campesinos, descubrir las adversidades de la servidumbre polaca y admirar los bordados de los trajes típicos. La

exposición "Rzeczy Ludskie" (Objetos humanos) invita al visitante a sacar de contexto algunos objetos personales (un huevo de Pascua pintado, el devocionario de un granjero analfabeto, etc.) para que se reflexione sobre la complejidad de cada vida. La última sección está dedicada al arte popular, desde tallas de madera a extraordinarios belenes. (www.etnomuzeum.eu)

Jarden Tourist Agency CULTURAL

13 PLANO P. 84, G2

Agencia que ofrece principalmente rutas de tema judío, como los paseos a pie de 2-3 h por Kazimierz y Podgórze, y un popular recorrido en coche (2 h) por localizaciones de la película La lista de Schindler. Cuestan entre 50 y 100 PLN por persona, según el número de participantes. (www.jarden.pl)

Dónde comer

Bottiglieria 1881 POLACA €€€

14 PLANO P. 84, F5

El único restaurante de Cracovia con una estrella Michelin le da una vuelta a la cocina tradicional polaca. Propone dos menús degustación que sacan el máximo provecho de la despensa polaca de temporada, y platos con nombres como "Tesoros del bosque" y "Recuerdo de la infancia" se presentan con elegancia en la antigua bodega o junto a la cocina abierta. Los menús se maridan con vinos de la bodega mejor surtida de Cracovia. (1881.com.pl)

Consejo:
Dónde comer y beber

Magdlena Pieculewicz-Chacon de **Delicious Poland** (p. 67), que ofrece circuitos gastronómicos, recomienda los mejores sitios para comer y beber en Cracovia.

Hamsa (Kazimierz)
Humus fantástico en un edificio del s. XIV. Al comer aquí, se puede subir y visitar la 1ª planta.

Kochanka (Kazimierz)
Este bar de vodka junto a Plac Novy lo frecuentan estudiantes; sirven chupitos de vodka por 6 PLN ¡Obviamente no es el de mejor calidad!

Mirror Pierogi Bystro (Kazimierz)
Raras veces hago *pierogi* en casa porque es laborioso y lleva su tiempo. Este local ofrece una fantástica variedad de *pierogi* dulces y salados –no solo con patatas o carne–. Los de cerezas y frambuesas me recuerdan a mi infancia; las cenas dulces se inventaron para hacer felices a los niños.

CK Browar (oeste de Cracovia)
Ubicado en una bodega junto a ul Podwale; casi todos los mejores bares están en sótanos. Sirve tablas con cinco catas que suman una pinta en total.

Sąsiedzi
POLACA €€

15 PLANO P. 84, F3

Para disfrutar de excelentes platos polacos de carne en un sótano evocador o en el recóndito jardín. Hay solomillo de jabalí y de ternera a la plancha, lengua de ciervo con alcachofa encurtida, y secundarios como sopas jugosas y postres borrachos. Reservar es esencial. (www.sasiedzi.oberza.pl)

Smaki Gruzi
GEORGIANA €€

16 PLANO P. 84, D4

La gastronomía georgiana está bien representada aquí, y con mucha dignidad, desde el *pkhali* (*meze* de verduras) con su mezcla de especias *khmeli suneli* hasta la magnífica variedad de *khachapuri* (pan con queso de oveja fundido) y los *chinkali* rellenos de cordero y empapados en un caldo humeante y fragrante. (www.facebook.com/ smaki.gruzji.krakow)

Dawno Temu Na Kazimierzu.

Karakter
POLACA €€

17 🍴 PLANO P. 84, F2

Es único en Kazimierz porque no tiene temática ni artilugios, solo una carta que promete platos de origen animal que llegan directos de la granja, tan atípicos como mollejas de caballo y tartar de avestruz, o costillas de ternera y pechugas de pato para quienes no gusten de las vísceras. El servicio es excelente. Con el menú del mediodía (51 PLN) hay menos posibilidades de encontrar asaduras. (www.facebook.com/karakter.restauracja)

Restauracja Pod Baranem
POLACA €€

18 🍴 PLANO P. 84, C1

Restaurante elegante con manteles blancos, obras de arte originales en las paredes y una carta bastante carnívora. También sirven clásicos polacos sin gluten como *pierogi* y tortitas de patata. (www.podbaranem.com)

Dawno Temu Na Kazimierzu
JUDÍA €€

19 🍴 PLANO P. 84, G2

La cocina tradicional polaco-judía (o sea, variantes contundentes de cordero y pato) está muy rica, y el cálido espacio a la luz de las velas y música *klezmer* de fondo crean el entorno ideal para disfrutar de este rincón de Cracovia. (https://szeroka1.com)

Pierwszy Stopień
POLACA €€

20 🍴 PLANO P. 84, D5

Este restaurante lleno de plantas adopta un enfoque diferente. No solo los platos ligeros complacen a los carnívoros, sino que las propuestas vegetarianas no son una mera improvisación de última hora: el *kashotto* de cebada perlada con espárragos blancos y setas calabaza naturales es una preciosidad. (https://pierwszystopien.pl)

Hana Sushi
ASIÁTICA €€

21 PLANO P. 84, F3

Interior elegante y minimalista y una entrega absoluta a los sabores japoneses y coreanos: *sashimi toro* (ventresca de atún) y tempura de gambas, pero también *bibimbap* (plato de arroz), *bulgogi* (carne a la parrilla) y *kimchi jjigae* (panceta de cerdo con *kimchi*). Los platos están muy bien presentados y se sirven con amabilidad, y las cajas *bento* al mediodía salen bien de precio. (http://hanasushikrakow.pl)

Kuchnia u Doroty
POLACA €

22 PLANO P. 84, D4

Con su mantelería más propia de un hogar y sus camareros amables, este local sirve un festín de carbohidratos a base de *pierogi,* tortitas de patata y guisos consistentes, como haría una mamá polaca. (www.facebook.com/kuchniaudoroty)

Hummus Amamamusi
DE ORIENTE MEDIO €€

23 PLANO P. 84, D4

En una bocacalle al oeste de la transitada ul Krakowska, este diminuto local convierte el simplón garbanzo en una obra de arte. Se puede escoger entre el humus clásico o de otros sabores, como guindilla, rábano picante o ajo, u optar por el sándwich Reuben en versión vegetariana, un *shakshuka* o un falafel, acompañado de un buen café o un *kombucha.* (www.hummus-amamamusi.pl)

Pho Ever
TAIWANESA €€

24 PLANO P. 84, H4

Este bistró taiwanés, alegre y adornado con plantas, es mucho más que *poke* y *bubble tea* (aunque los hay y están bien, los segundos vienen con perlas de tapioca). El fragante *wonton* de gambas con guindillas es un placentero latigazo de *umami* y picante, las sopas de fideos calientan en invierno y hay muchas opciones vegetarianas. (https://poketaiwan.com)

Chinkalnia
GEORGIANA €€

25 PLANO P. 84, F6

En este local georgiano semirústico, las *shashlik* (brochetas de carne) son jugosas, el *adjari khachapuri* de pan es como un barco perfecto que transporta su valiosa mercancía de quesos *sulguni* y *imeruli,* con un huevo por encima, y el surtido de *pkhali* (*mezze* vegetariano georgiano) está condimentado con una mezcla única de especias. La carta de vinos georgianos es interesante. (www.facebook.com/chinkalniakrakow mostowa)

Comer a deshoras

En Cracovia hay muchos restaurantes pero suelen cerrar a las 23.00. Menos mal que los puestos de comida callejera siguen abiertos para saciar ese apetito repentino a horas intempestivas. Kazimierz y comer a deshoras han sido sinónimos durante mucho tiempo, siendo la rotonda de Plac Novy el epicentro de la humilde *zapiekanka* ("pizza del pobre" desde la época comunista; al principio era una *baguette* abierta con kétchup y queso fundido). No obstante, hoy Kazimierz propone opciones mucho más variadas y cuenta con la mayor concentración de parques de *food trucks* de Cracovia.

Se recomienda **Skwer Judah** (plano p. 84, G4; www.facebook.com/skwerjudah), cuyo nombre se debe al mural *León de Sion* y donde hay camiones que sirven patatas fritas belgas, cafés de Knitted Coffee y raviolis, pero también los sensacionales *maczanka* (sándwiches cracovianos de carne de cerdo deshebrada) del Andrus Food Truck. Más céntrico, **Plac Izaaka** (www.facebook.com/PlacIzaakaStreetFood) cuenta con un puesto de cerveza de barril. Al salir de Kazimierz, al norte del casco antiguo, atención especial merece **Hype Park** (www.facebook.com/hypeparkkrakow), que solo abre en verano: unas cocheras de trenes convertidas en sala de conciertos con zonas *chill out* al fresco y muchos *food trucks* y bares.

Good Lood
HELADOS €

26  PLANO P. 84, E5

Este animado local es la sucursal en Kazimierz de una cadena de heladerías muy popular, con helados sin aditivos recién hechos con ingredientes de proximidad. El de semillas de amapola o el de caramelo con sal rosa del Himalaya están de muerte. (www.goodlood.com)

Alchemia od Kuchni
HAMBURGUESAS €

27 PLANO P. 84, E3

Cervezas artesanas, hamburguesas y 'tazones' de humus (con salsa de pescado o de ternera), servidos en un entorno minimalista de *gastropub* con paredes de ladrillo visto y suelo de hormigón. Ideal para una comida informal. (www.facebook.com/AlchemiaOdKuchni)

Klezmer-Hois
JUDÍA €€

28 PLANO P. 84, G2

Evoca el Kazimierz de antes de la guerra, con sus mesas con manteles bordados y obras de arte inspiradas en un *shtetl* (antiguo pueblo judío). Se puede entrar en calor con un cuenco de la deliciosa sopa inventada por Yankiel el Posadero de Berdytchov, o probar

Eventos judíos

Además del anual **Festival de la Cultura Judía** (www.jewishfestival.pl) de finales de junio y principios de julio, la **Fundación Judaica** (p. 83) de Kazimierz mantiene un calendario lleno de exposiciones y coloquios.

los cuellos de ganso rellenos. Por la noche, la clientela disfruta de los conciertos de música judía tradicional (20.00). (www.klezmer.pl)

Ariel   JUDÍA €€

29 PLANO P. 84, G3

Es uno de los restaurantes judíos que hay en ul Szeroka y aledaños, un lugar evocador repleto de muebles y retratos de otra época donde sirven platos tradicionales como cuello de ganso relleno de higadillos de pollo. Como entrante, nada mejor que la sopa de Berdytchov (ternera, miel y canela). Suele haber música *klezmer* en directo por la noche. (www.ariel-krakow.pl)

Jinling Dumpling   DE SICHUAN €€

30 PLANO P. 84, D4

Restaurante informal de cocina de Sichuan, acompañada de un exquisito surtido de *dim sum.* Los fideos de cristal con carne picada de cerdo ("hormigas trepando a un árbol") y el pescado al estilo Sichuan en un caldo picante son exquisiteces que vale la pena descubrir. (www.foodjinling.com)

Starka   POLACA €€

31 PLANO P. 84, E4

Este establecimiento propone la experiencia carnívora por antonomasia pero con un giro gastronómico. A quien le guste la carne y tenga mucho apetito debería probar el codillo de cerdo. Starka además elabora su propio vodka y anima a probar sabores atípicos a quienes les gusta esta bebida. (www.starka.com.pl)

Dónde beber

Hevre   BAR, DISCOTECA

32 PLANO P. 84, E4

Después de todos esos diminutos bares de Kazimierz, el espacioso Hevre, que ocupa una antigua casa de culto judía con vitrales, es un soplo de aire fresco. De día, funciona como un café-restaurante refinado donde relajarse con una copa y un buen libro. De noche, los pisos de arriba y de abajo se llenan de gente que baila la música que pinchan los DJ. (www.facebook.com/hevrekazimierz)

Somnium   CAFÉ

33 PLANO P. 84, D4

Café acogedor que hace maravillas con el grano de origen único de los mejores tostadores de Polonia y otros países. Cafés exprés criminales y dos diminutas mesas al fresco. (www.facebook.com/SomniumCafeBarCracow)

Loquitos por el 'klezmer'

Al caminar por ul Szeroka una noche cualquiera se escucharán los acordes del *klezmer* que salen de **Klezmer Hois** (p. 93), **Ariel** (p. 94) y **Dawno Temu Na Kazimierzu** (p. 91); los hay que son lastimeros y propios del *klezmer* de Europa oriental, otros son más vigorosos y se fusionan con *rock* e incluso con *afro-pop* y *hip hop*.

Los orígenes del *klezmer* se pierden en el tiempo pero se cree que procede de las melodías de los músicos judíos askenazíes ambulantes de la Edad Media, que incorporaban en sus vagabundeos influencias musicales variadas, desde el exaltado estilo romaní de los Balcanes y las apasionadas *nigunim* (melodías) de los judíos jasídicos del s. XVIII hasta los instrumentos que definen el *klezmer* hoy: violín, contrabajo, clarinete y címbalo húngaro.

El *klezmer* en Cracovia, que los nazis extinguieron durante la II Guerra Mundial, está viviendo un renacimiento en Kazimierz desde la década de 1990.

Yellow Monkey Coffee
CAFETERÍA

34 PLANO P. 84, C1

Pequeña cafetería con decoración vistosa y hasta tropical, maravilloso café de filtro, simpáticos baristas y pasteles caseros. (www. facebook.com/WiktoriaYM)

Cheder
CAFÉ

A diferencia de otros establecimientos judíos del barrio, este café (véase 6 plano p. 84, G4) pretende divertir y a la vez educar. Debe su nombre a una escuela hebrea tradicional, cuenta con una biblioteca con títulos en polaco e inglés, y ofrece lecturas y sesiones de cine regulares, y un café hecho en cafetera turca tradicional de cobre con canela y cardamomo. (www. cheder.pl)

Artefakt Cafe
CAFÉ

35 PLANO P. 84, G3

Este café cuenta con dos salas delante y un pequeño jardín detrás. En una hay estanterías con libros, sofás y revistas *Architectural Digest,* y en la otra, fotos en gran formato de una exposición temporal. Además de café, ofrece una gran selección de cervezas artesanas en botella y desayunos generosos. (www.artefakt-cafe.pl)

Mleczarnia
CAFÉ

36 PLANO P. 84, E3

Este local se lleva el premio a la mejor terraza en un jardín pequeño —está al cruzar la calle desde el café—. Si llueve, el interior es acogedor y cálido, con estanterías a rebosar de libros y paredes llenas de retratos. De las interesantes bebidas destacan el aguamiel, y el cacao con vodka de cereza. (www.mle.pl)

Karma Coffee Roastery
CAFETERÍA

37 PLANO P. 84, F5

Viejas sillas en este romántico jardín cubierto de maleza donde tomar un excelente café exprés o de filtro. (www.karmaroasters.com)

Alchemia
CAFÉ

38 PLANO P. 84, E3

Hace años, este emblemático café de Kazimierz creó tendencia con su estética de dejadez molona, sus mesas a la luz de las velas y esa melancolía deleitosa que aún hoy sigue funcionando. Programa música en directo. (www.alchemia.com.pl)

Pub Propaganda (p. 97).

KRZYSZTOF DYDYNSKI/LONELY PLANET ©

Weźże Krafta
CERVEZA ARTESANA

39 PLANO P. 84, H4

Cervecería de decoración industrial siempre llena, con terraza y enormes murales que marida 25 cervezas rotativas (propias y ajenas) con una *pizza* napolitana muy rica. (www.facebook.com/wezzekrafta)

Czarna Owca
BAR DE VINOS

40 PLANO P. 84, H4

Bar compacto y agradable con muchos vinos de todo el mundo servidos por copas, conciertos puntuales y tapas. (https://czarnaowcawinobar.pl)

T.E.A. Time Brew Pub
MICROCERVECERA

41 PLANO P. 84, B4

El primero y único *pub* de *real ale* de Cracovia lo abrió, cómo no, un inglés. Sus cervezas, todas elaboradas *in situ*, pasan del barril al surtidor manual creando sensaciones como la Nettlethrasher y la England's Glory. Que nadie se pierda los animados concursos de los lunes, aunque también se puede ir a comer tentempiés y probar un surtido de cinco cervezas sin más. (www.teatimebrewery.com)

Omerta
CERVEZA ARTESANA

42 PLANO P. 84, F3

Garito para cerveceros, lleno y con *El padrino* como tema, con 28 cervezas de barril (nacionales e internacionales) y un ambiente animado. (www.facebook.com/omertapub)

Pub Propaganda
BAR

43 PLANO P. 84, E3

He aquí otro de esos bares subterráneos que rezuma nostalgia de la época comunista con carteles y recuerdos. Cócteles de infarto. (www.pubpropaganda.eu)

NOTO Wine Bar
BAR DE VINOS

44 PLANO P. 84, E4

La carta de este elegante bar recorre todo el mundo, de Uruguay a Nueva Zelanda, pasando por deliciosos vinos de añada polacos. Los caldos nacionales son más caros que los del resto de Europa. Tiene una bonita terraza. (www.notowino.pl)

De compras

Austeria
LIBROS

Esta evocadora librería (véase **6** plano p. 84, G4) de la planta baja de la sinagoga Alta (p. 87) posee una de las mejores colecciones de títulos de temática judía de Cracovia. (www.austeria.pl)

Lookarna Illustrations
ARTE

45 PLANO P. 84, E4

Las postales, pósteres, blocs de notas e imanes originales y dibujados a mano por la artista Renia Loj son bonitos detalles para regalar. Muchos dibujos evocan cuentos de hadas y gustarán a los niños. (www.facebook.com/Lookarna.Illustrations)

Antigüedades y mercadillos

Kazimierz es un lugar excelente para comprar antigüedades y objetos de segunda mano, donde por chiripa se pueden encontrar verdaderas joyas entre trastos viejos. El epicentro es el **mercadillo de Plac Nowy** (plano p. 84, E3), en especial los sábados por la mañana, cuando se llena de puestos que venden de todo, desde ropa a cómics. El resto de la semana se encontrarán mesas dispersas con verduras y frutas y antigüedades, pero también recuerdos relacionados con el judaísmo y el comunismo.

Antykwariat na Kazimierzu
ANTIGÜEDADES

46 PLANO P. 84, E4

En el sótano de la Fundación Judaica de Kazimierz, esta cueva de Aladino esconde porcelana antigua, cuadros, cristalería, libros y objetos de lo más variado.

Stary Sklep
ANTIGÜEDADES

47 PLANO P. 84, F2

En la "Tienda Vieja" se puede encontrar cualquier cosa, desde alfombras, muñecas y relojes viejos a postales antiguas y un cajón de sastre de objetos judíos que definen las pautas del diseño en Kazimierz. (www.facebook.com/oldshopstarysklep)

Explorar

Podgórze

Este barrio de clase trabajadora que está al cruzar el río desde Kazimierz recibiría a pocos visitantes si no fuera por su papel durante la II Guerra Mundial. Fue aquí donde los alemanes confinaron a 16 000 judíos en un gueto antes de deportarlos a campos de concentración. Los puntos de interés más importantes recuerdan estos hechos, como la famosa fábrica de Oskar Schindler, donde se salvaron muchas vidas.

Lo esencial

○ **Fábrica de Schindler (p. 100)** *Sentir cómo era vivir en Cracovia durante la ocupación nazi.*

○ **Farmacia Bajo el Águila (p. 105)** *Conocer la historia del heroico gentil polaco Tadeusz Pankiewicz, que ayudó a los residentes judíos del gueto.*

○ **Plac Bohaterów Getta (p. 105)** *Plantarse en la plaza donde los judíos entraban al gueto en 1941.*

○ **Museo de Arte Contemporáneo de Cracovia (p. 106)** *Disfrutar de grandes obras de arte contemporáneo polacas e internacionales.*

○ **Cricoteka (p. 106)** *Admirar la compañía de teatro experimental, Cricot 2, y a su innovador líder, Tadeusz Kantor.*

Cómo llegar y desplazarse

🚋 Las líneas nº 3, 19 y 24 van a Plac Bohaterów Getta, la parada principal para ir a la Fábrica de Schindler.

🚋 Las líneas nº 6, 8, 10 y 13 conectan Podgórze con el extremo oeste de Kazimierz.

Plano de la zona en p. 104.

Calle principal de Podgórze. EFESENKO/ALAMY STOCK PHOTO ©

Las mejores experiencias 📷
Adentrarse en la historia en la Fábrica de Schindler

Es un impresionante museo interactivo sobre la ocupación nazi de Cracovia durante la II Guerra Mundial. Se halla en la antigua fábrica de esmaltados de Oskar Schindler, un empresario nazi que salvó las vidas de más de 1000 de sus trabajadores judíos durante el Holocausto –y que Steven Spielberg dio a conocer con su película La lista de Schindler de 1993.

🎯 PLANO P. 104, F2

www.muzeumkrakowa.pl

La oficina de Oskar Schindler

Después de la II Guerra Mundial, la vieja fábrica quedó abandonada. Por suerte, la oficina de Schindler se conservó intacta. Aquí se verán los nombres de los supervivientes y un Arca simbólica hecha con miles de cazos de esmalte similares a los que los empleados hacían durante la guerra.

Documental

Un vídeo introductorio de 30 min recoge el testimonio de ciudadanos de Cracovia, también extrabajadores de la fábrica, que explican sus propias experiencias (a menudo terribles) durante la ocupación nazi.

Exposiciones temporales

Además de las permanentes, se montan exposiciones temporales que invitan a la reflexión e incluso a la polémica sobre el tema de Cracovia durante la II Guerra Mundial; tal es el caso de la llamada "¿Liberación o yugo? Aniversario de la batalla de Cracovia".

Espectáculo audiovisual

La exposición permanente no cuenta con una pieza estelar *per se,* sino que se articula en torno a una serie de salas, cada una dedicada a un tema, como la Cracovia prebélica, la vida cotidiana, la experiencia de los residentes judíos, la resistencia y la liberación de la ciudad por los soviéticos. Cada tema se explica a través de una combinación de fotografías, partes radiofónicos, vídeos e inquietantes efectos de sonido que crean una experiencia inmersiva.

★ Consejos

o Comprar las entradas con mucha antelación en línea: los turnos horarios se agotan.

o Los lunes la entrada a la exposición permanente es gratis; hay que ir pronto porque el número de plazas es reducido.

o El primer lunes de mes el museo cierra a las 14.00.

o La taquilla cierra 1½ h antes que el museo.

o La Fábrica de Schindler está integrada en la Ruta de la Memoria que incluye la Farmacia Bajo el Águila y la calle Pomorska; con una entrada combinada se ahorra.

✕ Una pausa

o Krako Slow Wines (p. 108), pequeño bar de vinos y restaurante, sirve buenos almuerzos cerca de la Fábrica de Schindler.

o Knitted Coffee (p. 110), a 5 min a pie de la Fábrica de Schindler, combina las dos pasiones de los propietarios: el café de origen único y el punto.

Circuito a pie

La cara más curiosa de Podgórze

Sin duda, la Fábrica de Schindler y Plac Bohaterów Getta son las atracciones más visitadas en Podgórze. Pero los vecinos saben que este barrio tiene más por ofrecer, sobre todo a los viajeros que se apartan de las rutas turísticas. Conviene llevar calzado que se pueda embarrar.

Datos

Inicio Rynek Podgórski

Final Campo de trabajos forzados de Płaszów

Duración 5 km; 4 h

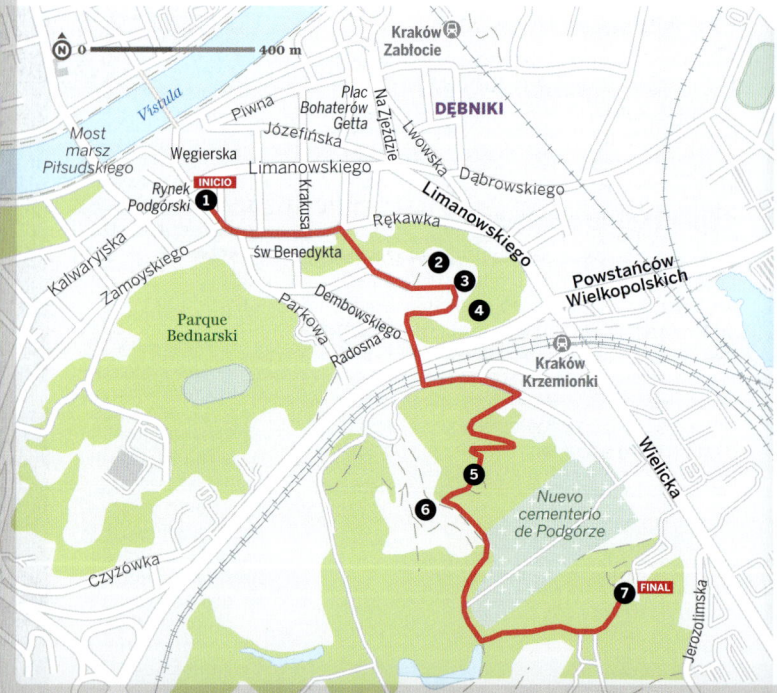

❶ La otra plaza de Podgórze

A años luz de la lúgubre Plac Bohaterów Getta, la otra plaza de Podgórze, **Rynek Podgórski,** es agradable, verde y está integrada en la ciudad. La preside la iglesia de San José, que data de 1905.

❷ Iglesia misteriosa

Se sube por el bosque hasta la antigua **iglesia de San Benito,** una de las más antiguas y misteriosas de la ciudad. Los arqueólogos calculan que es del s. XII. Solo abre una vez al año, el primer martes después de Pascua, cuando se celebra la fiesta de Rękawka.

❸ Fortaleza abandonada

Cerca, la abandonada **fortaleza de San Benito** fue construida en la década de 1850 por los austríacos para defender la ciudad de las incursiones rusas o prusianas. No admite visitas pero se puede admirar su exterior de ladrillo rojo.

❹ Cementerio olvidado

Al sur está el **antiguo cementerio de Podgórze** (www.zck-krakow.pl), de cuando esta era una ciudad independiente de Cracovia. Los alemanes lo arrasaron durante la II Guerra Mundial y hoy conserva cierto aire de abandono.

❺ Túmulo pagano

Al sur del cementerio, se cruza un puente peatonal hasta el **túmulo de Krakus,** un yacimiento prehistórico pagano. Su origen se desconoce pero quizá aquí fuera enterrado el fundador de la ciudad, el príncipe Krakus. En las excavaciones realizadas en la década de 1930 se hallaron objetos del s. VIII.

❻ Cantera espeluznante

A los fans de la película *La lista de Schindler* les encantará la **cantera de Liban.** El director Steven Spielberg usó esta cantera abandonada para reproducir el campo de trabajos forzados de Płaszów (aún queda en pie algo de escenografía, desde las herrumbrosas torres de vigilancia a un sendero pavimentado con réplicas de lápidas sepulcrales judías).

❼ Campo de concentración olvidado

Se sigue el sendero que bordea la cantera hasta los restos del verdadero **campo de trabajos forzados de Płaszów.** Los alemanes lo construyeron en la II Guerra Mundial para agilizar la liquidación del gueto de Podgórze. En 1943-1944, su momento más crítico, el campo recluía a 25 000 personas; se prevé construir un museo sobre el Holocausto a finales del 2025.

Reseñas en:

	Las mejores experiencias	p. 100
	Puntos de interés	p. 105
	Dónde comer	p. 108
	Dónde beber	p. 110
	De compras	p. 111

400 m

KAZIMIERZ

PODGÓRZE

DĘBNIKI

Fábrica de Schindler

Museo de Arte Contemporáneo de Cracovia

Museo de Podgórze

Plac Bohaterów Getta

Farmacia Bajo el Águila

Muro del gueto

Na Zjeździe

Cricoteka

Parque Bednarski

Kraków Zabłocie

Romanowicza

Lipowa

Przemysłowa

Zabłocie

Traugutta

Kącik

Targowa

Dąbrowskiego

Lwowska

św. Kingi

Limanowskiego

Wielicka

Kraków Krzemionki

al Powstańców Śląskich

Rękawka

Czarnieckiego

św. Benedykta

Józefińska

Krakusa

Limanowskiego

Węgierska

Rękawka

Rynek Podgórski

Parkowa

Dembowskiego

Radosna

Mostu Powstańców Śląskich

Port Solny

Piwna

Nadwiślańska

Kładka Bernatka

Kładka Bernatka

Podgórska

Gazowa

Zamoyskiego

Kalwaryjska

Rejtana

Legionów Piłsudskiego

Most marsz Piłsudskiego

Rybaki

Wietora

Vistula

Smolki

Długosza

Kraśkiego

Krasickiego

Puntos de interés

Farmacia Bajo el Águila

1 PLANO P. 104, D2

Esta antigua farmacia situada en el lado sur de Plac Bohaterów Getta cuenta la historia de su propietario, Tadeusz Pankiewicz, un polaco gentil que se jugó la vida intentando ayudar a los judíos del gueto de Podgórze durante la II Guerra Mundial. Pankiewicz, a quien se le permitió gestionar la farmacia hasta la deportación final, dispensó medicamentos (a menudo sin cobrar), trajo noticias del mundo exterior e incluso usó el establecimiento como piso franco en alguna ocasión.

El interior de la farmacia se ha restaurado tal y como era durante la guerra y explica el día a día de la vida en el gueto y el papel que desempeñó la farmacia. (www.muzeumkrakowa.pl)

Plac Bohaterów Getta
PLAZA

2 PLANO P. 104, D2

Esta plaza pública, que los nazis llamaban Plac Zgody, señala la entrada al gueto judío. Las 70 grandes sillas de metal son una instalación simbólica que recuerda a la desaparecida comunidad judía de la ciudad. Durante la guerra, este espacio era el lugar encuentro de los residentes del gueto, y el lugar desde el que fueron deportados cuando se desmanteló el gueto en 1942-1943.

Plac Bohaterów Getta.

Podgórze Puntos de interés

Historia del gueto de Podgórze

Cuando empezó la II Guerra Mundial y la ocupación alemana, la mayoría de judíos de Cracovia vivía en Kazimierz (p. 77),no en Podgórze. La zona estaba bastante integrada en la vida de la ciudad pero conservaba un ambiente, tradiciones e instituciones propios. La ocupación, que empezó en 1939, acabaría con esta comunidad de siglos de antigüedad en poco más de cinco años.

La primera fase de la ocupación estuvo marcada por las duras restricciones legales en la vida de los judíos y las expulsiones forzadas a las zonas de interior. En marzo de 1941, los nazis empezaron la construcción de un gueto rodeado de un muro en Podgórze. Ese mismo mes, los 16 000 judíos aproximados que quedaban fueron expulsados de sus hogares y obligados a cruzar el puente hasta el nuevo gueto.

Las condiciones en el gueto eran pésimas. En 1942, llegaban regularmente nuevos residentes mientras otros eran agrupados en la actual Plac Bohaterów Getta para ser transportados al campo de exterminio de Bełżec, al sureste del país.

En marzo de 1943, se llevó a cabo la liquidación final del gueto y los supervivientes fueron realojados en un campo de trabajos forzados en la cercana **Płaszów** (p. 106), donde muchos murieron por las condiciones insalubres y el hambre. Al final, la mayoría de supervivientes fueron enviados a los campos de exterminio. Tras la guerra solo quedaron unos 3000 judíos en Cracovia.

Museo de Arte Contemporáneo de Cracovia
MUSEO

3 ⊙ PLANO P. 104, F2

El MOCAK es uno de los centros de arte contemporáneo más importantes de Cracovia. La única exposición permanente es la instalación interactiva "Live Factory 2" de Krystian Lupa (que a los fans de Andy Warhol les recordará el NYC studio) pero aquí el mayor reclamo es el elemento sorpresa que deparan las exposiciones temporales, que siempre cambian. Al estar al lado de la Fábrica de Schindler, se pueden ver las dos en un día muy completo. (www.mocak.pl)

Cricoteka
MUSEO

4 ⊙ PLANO P. 104, C2

Este moderno museo está dedicado a la vida y obra del vanguardista dramaturgo polaco Tadeusz Kantor (1915-1990) y a su compañía de teatro experimental, Cricot 2. Se verán la utilería teatral y los maniquíes utilizados en las representaciones, cuyo significado quizá no entiendan los visitantes no polacos. El espacio también programa espectáculos teatrales y demás *happenings*. Más información en la web. (www.cricoteka.pl)

Museo de Podgórze

MUSEO

5 ⊙ PLANO P. 104, F4

Más interesante de lo que parece a primera vista, este museo cuenta la historia de Podgórze, una localidad independiente durante siglos: empieza con la historia del cercano túmulo de Krakus (p. 103) y pasa por la ocupación austríaca hasta la tragedia de la II Guerra Mundial, cuando fue el escenario de las peores atrocidades llevadas a cabo por los nazis. (www.muzeum krakowa.pl)

Parque Bednarski

PARQUE

6 ⊙ PLANO P. 104, C4

Este frondoso parque quizá carezca de una fotogenia perfecta pero lo compensa con una vegetación asilvestrada que gustará a los caminantes que busquen aventura. Hay muchos niveles en el parque; quien se anime puede subir muros y sendas embarradas para descubrir los caminos escondidos en la parte alta. Lo frecuenta gente que saca al perro, *runners*, paseantes y familias, y es el lugar perfecto para pícnics o pasar el domingo si hace buen tiempo. Se entra por ul Parkowa.

Cricoteka (p. 106).

Muro del gueto
MONUMENTO

7 PLANO P. 104, D3

Al sur de Plac Bohaterów Getta queda un tramo del muro del gueto judío levantado en la II Guerra Mundial, con una placa que señala el lugar.

Dónde comer

Zakładka Food & Wine
BISTRÓ €€

8 PLANO P. 104, C2

Se especializa en cocina sencilla de inspiración francesa con predominio de ternera, conejo, pescado fresco y mejillones, pero también algunos platos vegetarianos. Es uno de los mejores restaurantes del barrio. El servicio es atento y formal, y la carta de vinos, excelente. Tan sencilla es la presentación de los platos como la decoración: paredes beis, mesas negras y suelos de madera. (www.zakladka bistro.pl)

Krako Slow Wines
INTERNACIONAL €€

9 PLANO P. 104, F2

Cuesta definir con precisión este pequeño bar de vinos y restaurante, que sirve los almuerzos con la mejor relación calidad-precio en un radio de 100 m de la Fábrica de Schindler. Su punto fuerte es el vino, pero también sirve excelentes cervezas, cafés, ensaladas y tentempiés, y de su barbacoa caucásica (ma-sa) salen sabrosos *shashlik* y kebab georgianos y armenios. (www.krakoslowwines.pl)

Salute!
MEDITERRÁNEA €€

10 PLANO P. 104, F2

Aunque es un bar (icon una carta excelente de vinos y de cócteles originales!), los *sputini* (platillos), con ingredientes españoles e italianos, están igual de ricos. Vale la pena pedir el pulpo con *nduja* y chorizo, el pescado con caqui y granada, y la masa madre untada con grasa de cerdo ibérico, todos ellos un verdadero placer gastronómico. (https://salutebar.pl)

Goose Restaurant
POLACA €€

11 PLANO P. 104, C3

Este restaurante se dedica a preparar tentadores platos con carne de ganso como ingrediente principal, como ganso deshebrado con cebada perlada y cerezas "borrachas", pata de ganso con salsa de champiñones, o hamburguesa de ganso, pero también un festín carnívoro (sin ganso) a base de pato asado, costillas hechas a fuego lento, pollo a la parrilla y chucrut frito con panceta. (www.gaskarestauracja.pl)

Złote Serce
UCRANIANA €

12 PLANO P. 104, F1

Esta organización sin ánimo de lucro que ayuda (y da trabajo) a refugiados ucranianos sirve pollo de Kiev, *borscht* con *khalushki* al ajo, creps adictivos y demás platos consistentes y reconfortantes de cocina casera ucraniana. (www.giftamealcharity.org)

With Fire & Sword
POLACA €€

13 🍴 PLANO P. 104, A4

Este restaurante oscuro y evocador, cuyo nombre rinde homenaje a la novela histórica de Henryk Sienkiewicz, recrea la Polonia del ayer. Las pieles de animales y la chimenea crepitante potencian la rusticidad de su interior. La carta apuesta por recetas antiguas conseguidas, como el suculento cerdo asado y relleno de fruta. (www.ogniemimieczem.pl)

Makaroniarnia
ITALIANA €€

14 🍴 PLANO P. 104, B2

Edén para los amantes de la pasta, ofrece una larguísima carta de platos de macarrones. Su alegre interior es ideal para almorzar, y el menú especial de tres platos (25 PLN) sale muy a cuenta. Si hace bueno, la terracita de la acera es muy agradable. (www.facebook.com/MakaroniarniaKrakow)

Mazaya Falafel
DE ORIENTE MEDIO €

15 🍴 PLANO P. 104, B3

El local de Podgórze de una cadena local de comida rápida de Oriente Medio sirve excelentes menús de falafel y humus. Casi todo el mundo los pide para llevar aunque tiene algunas mesas dentro. (www.mazaya-falafel.com)

Orzo
ITALIANA €€

16 🍴 PLANO P. 104, E2

Los cuencos de ensalada y los platos de pasta orzo de la casa comparten carta con los calama-

Podgórze Dónde comer

Orzo.

Los héroes de Podgórze

Podgórze fue el hogar de, como mínimo, dos gentiles prominentes que arriesgaron su vida para salvar a judíos durante el Holocausto.

El más conocido, claro está, es Oskar Schindler, un antihéroe, bebedor empedernido y usurero, cuya historia llegó a millones de personas gracias al libro *El arca de Schindler* (1982) de Thomas Keneally pero, sobre todo, a la película *La lista de Schindler* (1993) de Steven Spielberg.

Al principio Schindler salvaba las vidas de los judíos porque necesitaba mano de obra barata en su **fábrica de esmaltados** (p. 100), aunque después pasó a usar sus contactos y a pagar sobornos para impedir que sus empleados fueran deportados a los campos de concentración.

El otro gentil fue el farmacéutico Tadeusz Pankiewicz, a quien se le permitió regentar la **Farmacia Bajo el Águila** (p. 105) en el gueto hasta la deportación final. Facilitaba medicamentos e información del mundo exterior y, de vez en cuando, ofrecía refugio en su establecimiento.

Como cita Spielberg de forma conmovedora al final de su película, "Quien salva una vida, salva al mundo entero", en referencia a un pasaje del Talmud.

res rebozados con *panko* en este relajado restaurante con mesas en las inmediaciones de la Fábrica de Schindler. El servicio puede ser algo frío pero qué más da con una carta tan ecléctica. (www.orzo.pl)

Dónde beber

Forum Przestrzenie BAR
17 PLANO P. 104, A3

El antiguo adefesio de la época comunista que era el Hotel Forum se ha transformado sabiamente en un moderno café y coctelería de estilo retro. También propone puntuales sesiones de DJ, conciertos, sesiones de cine y eventos varios.

Cuando hace calor, se colocan tumbonas en el patio con vistas al río. (www.forumprzestrzenie.com)

Knitted Coffee CAFETERÍA
18 PLANO P. 104, E1

El local en Podgórze del invento de Tatiana y Taras (p. 72), que combina sus dos pasiones: el café de especialidad y el punto. Está a 5 min a pie de la Fábrica de Schindler. (http://knittedcoffee.pl)

Drukarnia CLUB
19 PLANO P. 104, C2

Aunque ya no es el club que era, sigue siendo un buen sitio donde tomar una copa por la noche y disfrutar de ocasionales conciertos en el cavernoso espacio subterráneo. El bar de la planta baja tiene una mitad con decoración más descuidada en alusión a su nombre (*drukarnia* significa "imprenta"), y otra más moderna pero con menos personalidad. (www.facebook.com/DrukarniaKlub)

Cawa
CAFÉ, BAR DE VINOS

Los bares de vinos chic como Cawa (véase **19** plano p. 104, C2) ya no son una rareza en Podgórze como antes, pero este local, que fue el primero, cuenta con una decoración posindustrial y camareros elegantes. Sirven desde capuchinos a copas de cava, así como sofisticadas tapas de aire mediterráneo. (www.cawacafe.pl)

De compras

Starmach Gallery
ARTE

20 🔒 PLANO P. 104, C3

Es una de las galerías de pintura y escultura contemporáneas más prestigiosas de Cracovia, con obras de artistas polacos emergentes y consolidados. La sorprendente y moderna galería ocupa la antigua casa de oración judía Zuche, una preciosidad neogótica de ladrillo del s. XIX. (www.starmach.eu)

Cafés del barrio de Podgórze.

Explorar ✥

Oeste de Cracovia

Es la parte refinada y próspera de la ciudad, con pulcras calles flanqueadas por casas señoriales del s. XIX y principios del s. XX. Atracciones turísticas no hay muchas pero es el barrio más verde de la ciudad. Gracias a la remodelación de la antigua fábrica de tabaco Tytano, que ahora acoge toda suerte de bares hipster, también es uno de los destinos de fiesta más populares.

Lo esencial

○ **Museo Nacional (p. 116)** *Admirar las obras de pintura polaca moderna o cualquier exposición temporal de arte o escultura.*

○ **Montículo de Kościuszko (p. 116)** *Honrar las hazañas de un héroe polaco (y estadounidense).*

○ **Museo de Vidrieras (p. 117)** *Visitar este museo-taller para conocer cómo se elaboran estas inolvidables piezas de vidrio de colores.*

○ **Museo de la Calle Pomorska (p. 118)** *Atreverse a conocer algunos de los episodios más oscuros de la historia de Cracovia en el s. XX en esta casa del terror.*

○ **Casa de Józef Mehoffer (p. 117)** *Conocer la vida de uno de los artistas más influyentes del movimiento artístico Joven Polonia.*

Cómo llegar y desplazarse

🚋 Las líneas nº 2, 4, 14, 18, 20, 24 y 44 van a zonas del barrio, al norte de la Ciudad Vieja.

🚋 La línea nº 20 está bien para ir al Museo Nacional y el Parque Jordan.

Plano de la zona en p. 114.

Montículo de Kościuszko (p. 116). MAREK M/SHUTTERSTOCK ©

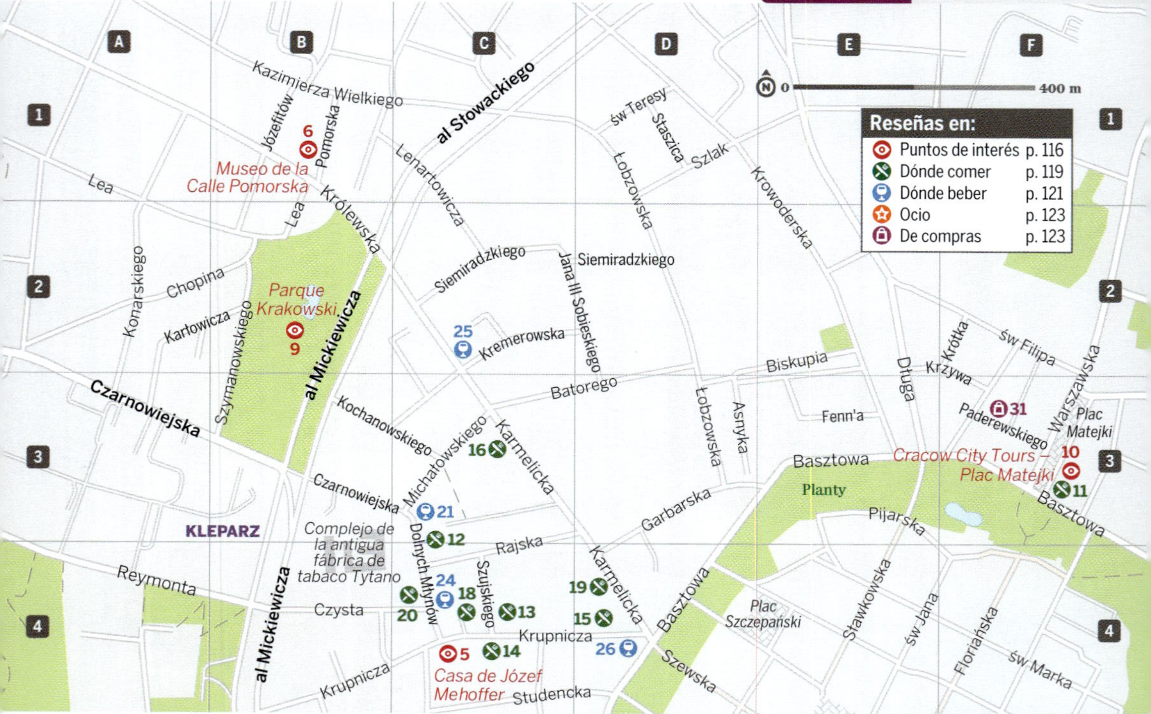
Reseñas en:
Puntos de interés p. 116
Dónde comer p. 119
Dónde beber p. 121
Ocio p. 123
De compras p. 123
0
400 m
A
B
C
D
E
F
1
2
3
4
Kazimierza Wielkiego
Józefitów
Pomorska
6
Museo de la Calle Pomorska
Lea
Królewska
al Słowackiego
Lenartowicza
św Teresy
Staszica
Szlak
Łobzowska
Krowoderska
Siemiradzkiego
Jana III Sobieskiego
Konarskiego
Chopina
Karłowicza
Szymanowskiego
Parque Krakowski
9
al Mickiewicza
25
Kremerowska
Biskupia
Batorego
Czarnowiejska
Kochanowskiego
Michałowskiego
16
Karmelicka
Fenn'a
Asnyka
Długa
Krótka
Krzywa
św Filipa
Warszawska
31
Paderewskiego
Plac Matejki
Cracow City Tours – Plac Matejki
10
11
Basztowa
Planty
Pijarska
Garbarska
21
KLEPARZ
Complejo de la antigua fábrica de tabaco Tytano
Dolnych Młynów
12
Rajska
Reymonta
24
18
20
Czysta
Szujskiego
13
19
15
Krupnicza
26
5
14
Casa de Józef Mehoffer
Studencka
Szewska
Plac Szczepański
Sławkowska
św Jana
Floriańska
św Marka

Oeste de Cracovia

5

6

7

8

Dietla

KAZIMIERZ

F

E

D

C

B

A

św Tomasza

Westerplatte

Starowiślna

Planty

Mały Rynek

Plac Mariacki

Rynek Główny

św Gertrudy

Sarego

św Sebastiana

CIUDAD VIEJA

Plac Wszystkich Świętych

Plac Dominikański

Plac św Marii Magdaleny

Poselska

św Idziego

Bernardyńska

Castillo Real de Wawel

Colina de Wawel

Podzamcze

św Anny

Gołębia

Planty

Franciszkańska

Straszewskiego

27

Podwale

17

22

Loretańska

Museo Stanisław Wyspiański

7

Jabłonowskich

Garncarska

marsz Piłsudskiego

Smoleńsk

Mała

Felicjanek

29

23

Tratowska

Plac Na Groblach

Powiśle

Vistula

Retoryka

Zwierzyniecka

Wygoda

Most Dębnicki

Konopnickiej

Cybulskiego

Humberta

Museo de Vidrieras

3

Krasińskiego

Syrokomli

Śląska

Morawskiego

Włóczków

Cantera Zakrzówek

8

Kadrówk

Museo Na-ional

1

28

30

Kałuży

al 3 Maja

Al marsz Ferdinarda Focha

Dunin-Wąsowicza

Lelewela

KOŚCISZKI

Ingardena

Oleandry

Parque Jordan

4

Parque Błonia

Filarecka

Montículo de Kościuszko

2

5

6

7

8

Puntos de interés

Museo Nacional
MUSEO

1 ◉ PLANO P. 114, B5

Este edificio monolítico de la década de 1930 alberga tres exposiciones permanentes: pintura polaca desde 1890 a la actualidad, una colección de artes aplicadas, y armas y armaduras de todos los tiempos. Se recomienda centrarse en lo que más interese: ya sea la indumentaria histórica del período sarmatista del s. XVII, cuando los nobles polacos vestían *kontusz* (túnicas) iraníes y portaban cimitarras; los armarios con incrustaciones de madreperla y los joyeros de ámbar; o las obras geométricas y abstractas de Kandinsky y Malevich. (www.mnk.pl)

Montículo de Kościuszko
MONUMENTO

2 ◉ PLANO P. 114, A8

Este montículo, dedicado al héroe militar polaco (y estadounidense) Tadeusz Kościuszko (1746-1817), fue erigido entre los años 1820 y 1823 con tierra de los campos de batalla polacos y estadounidenses donde luchó Kościuszko y tiene 34 m de altura. Ofrece vistas espectaculares de la ciudad. La entrada incluye la subida al montículo y la visita al fuerte contiguo del s. XIX, con exposiciones sobre la vida del héroe. El monumento conmemorativo está en Zwierzyniec, 3 km al oeste de la Ciudad Vieja. (www.kopieckosciuszki.pl)

Museo Nacional.

PRISMA ARCHIVO/ALAMY STOCK PHOTO ©

Joyas arquitectónicas del oeste de Cracovia

En el oeste de Cracovia, que comprende los barrios de Piasek y Novy Swiat, hay muchos edificios *art nouveau* pero también joyas arquitectónicas de otras épocas. En ul Rajska destaca el contemporáneo **Malopolska Garden of Arts,** donde se celebran muchos festivales culturales. A unos pasos al sur, en ul Pilsudskiego, está el **Museo Emeryk Hutten-Czapski,** un palacio neorrenacentista que fue la casa de un conde polaco. Aunque su colección de manuscritos, monedas y grabados atrae solo a un público determinado, vale la pena visitar el sugerente **pabellón Jósef Czapski** de detrás del palacio, dedicado al nieto de Emeryk, un escritor, pintor y activista patriótico que ayudó a destapar la verdad sobre la masacre de Katyn llevada a cabo por la policía secreta soviética.

Cerca, ul Retoryka está flanqueada por mansiones *art nouveau* del s. XIX, diseñadas por el arquitecto decimonónico Teodor Talowski, todas con inscripciones en latín y fachadas imaginativas. Varias manzanas al norte, en ul Karmelicka, está la **Casa de la Araña,** otra obra de Talowski, cuya fachada está engalanada con una araña y una torre gótica esquinera. Para acabar, al lado del Museo Nacional está la **Biblioteca Jagellónica,** bonito ejemplo de arquitectura del período de entreguerras.

Museo de Vidrieras MUSEO

3 👁 PLANO P. 114, B6

Quien esté interesado en el arte de los vitrales o el *art nouveau* debería ir a este histórico estudio de vidrieras de SG Żeleński convertido en "museo vivo", reservando en línea la visita guiada (45 min) que termina con las impresionantes piezas de Stanisław Wyspiański, Mehoffer y Stefan Matejko, incluida la famosa vidriera *Apollo* de Wyspiański. (www.muzeumwitrazu.pl)

Parque Jordan PARQUE

4 👁 PLANO P. 114, A5

Este parque, cuyo nombre debe a su fundador Henryk Jordan, entusiasma a mucha gente. Hay quien pasea a sus perros por los prados, quien asiste a clases de yoga al aire libre, críos que trepan por estructuras, etc. En invierno hay una pista de patinaje sobre hielo.

Casa de Józef Mehoffer MUSEO

5 👁 PLANO P. 114, C4

El artista del movimiento Joven Polonia vivió en esta casa señorial de 1932 a 1946 cuando murió. Se pue-

Montículo de Kościuszko (p. 116).

de ir de sala en sala para conocer la vida y legado de Mehoffer y, de paso, admirar los elegantes interiores y las obras del artista. Atención especial merecen los retratos de la esposa de Mehoffer en el salón y la vidriera *Vita Somnium Breve* en la salita de estar. (www.mnk.pl)

Museo de la Calle Pomorska
MUSEO

 6 PLANO P. 114, B1

Una pared con fotografías de prisioneros políticos polacos condenados a muerte recibe a los visitantes en esta siniestra Dom Śląski, o "Casa Silesiana", que fue primero cuartel general de la Gestapo y después, de la policía política del NKVD, y hoy acoge exposiciones sobre la brutal represión sufrida por los cracovia-

nos durante los regímenes nazi y estalinista. La principal exposición "El pueblo de Cracovia en Tiempos de Terror, 1939-1945-1956" desvela las experiencias personales de ciudadanos a través de fotografías, documentos y grabaciones en audio. (www.muzeumkrakowa.pl)

Museo Stanisław Wyspiański
MUSEO

 7 PLANO P. 114, C5

Este museo ocupa un antiguo granero y atesora la colección del Museo Nacional de obras de Stanisław Wyspiański (1869-1907), el pintor, dramaturgo y maestro cristalero artífice de algunas de las piezas más sorprendentes en las iglesias de Cracovia. Se exhiben unas 100, desde retratos y diseños a bocetos y libros personales.

Las exposiciones cambian con frecuencia. (www.mnk.pl)

Cantera Zakrzówek
LAGUNA

8 PLANO P. 114, C8

La mitad de la cantera ha sido 'domada' con cinco piscinas vigiladas por socorristas y unidas por muelles flotantes de madera, pero sigue siendo una zona pintoresca de Cracovia. Otra opción sería caminar por los bosques que orillan los escarpes de la parte más silvestre, al norte de la cantera.

Parque Krakowski
PARQUE

9 PLANO P. 114, B2

Parque ideal para pasar un rato con los críos, sacar al perro o pasear sin compañía. Las plantas colorean la zona y atraen a las abejas, y bajo el gran sauce del estanque central nadan los patos. También hay un rincón con revistas para tomar prestadas para leer y un parque infantil.

Cracow City Tours - Plac Matejki
CIRCUITOS

10 PLANO P. 114, F3

Ofrece toda suerte de circuitos a pie por la ciudad y salidas en autobús, incluida una muy popular de 4 h. También excursiones más largas de un día hasta la mina de sal de Wieliczka (200 PLN) y el Museo y monumento conmemorativo de Auschwitz-Birkenau (175 PLN). Los autobuses salen de delante de la oficina en Plac Matejki 2. (www.cracowcitytours.pl)

Dónde comer

Glonojad
VEGETARIANA €

11 PLANO P. 114, F3

Esta popular cafetería autoservicio ofrece vistas a Plac Matejki y una gran variedad de platos vegetarianos como *samosas*, curris, tortitas de patata, falafel, lasaña de verduras y sopas. Sirven desayunos hasta las 12.00. (www.facebook.com/barglonojad)

Molám Thai
TAILANDESA €€

12 PLANO P. 114, C3

Restaurante con luces de neón y una cocina abierta que sirve comida callejera de cuatro regiones de Tailandia. Cada día se cambian algunos platos para recalcar su frescura; se puede pedir arroz glutinoso, ensalada de beteles, panceta de cerdo glaseada dulce/picante y rape al vapor en una hoja de banano. Las cervezas artesanas y los cócteles originales redondean la oferta. Reservar con antelación. (https://molam.pl)

Restauracja Four
INTERNACIONAL €€€

13 PLANO P. 114, C4

Es de esos sitios a los que llevar a una cita quisquillosa y disfrutar de creaciones inteligentes y artísticas donde lo que importa son los ingredientes. Además de mayúsculas versiones de *żurek* (sopa agria de centeno), destacan el tartar de ternera y una carrillada tan tierna que convence hasta al *gourmet*

Un paseo por bosques antiguos

Antiguos robles presiden un túnel verde de árboles cubiertos de líquenes en **Las Wolski** (bosque Wolski), el enorme bosque protegido de Cracovia que cubre las colinas a 8 km al oeste de la ciudad. Se puede tomar el autobús nº 109/209 hasta la parada de Bielany Klasztor, y pasar horas caminando por los 35 km de senderos, atentos a los ciervos, tejones, zorros y liebres. Desde la parada se puede enfilar por un sendero más corto (8 km) hasta varios puntos de interés del bosque, naturales y artificiales, como el cimero monasterio camaldulense (donde los monjes hacían votos de silencio) en Srebrna Góra (montaña de Plata), el montículo de Pisudski, con sus vistas del bosque y las formaciones calizas del santuario de las Rocas de la Virgen, para terminar en el parque Deciusz.

más pintado. Acertados maridajes de vino para cada plato principal. (https://restauracjafour.pl)

Dynia
INTERNACIONAL €€

14 PLANO P. 114, C4

Aunque el interior es chic, lo más tentador es su patio. Las paredes de ladrillo rodean el espacio cubierto de helechos, confiriéndole un aire de deteriorada elegancia. Qué mejor lugar para disfrutar de platos que llevan calabaza (*dynia* en polaco), desde un *risotto* con pesto de calabaza a ñoquis de calabaza con mantequilla de salvia. También hay platos sin calabaza, como el confit de pato. (www.dynia.krakow.pl)

Meat & Go
SÁNDWICHES €€

15 PLANO P. 114, D4

Los carnívoros sabrán apreciar los abultados sándwiches Reuben, con capas generosas de pastrami

y chucrut, y los panecillos con carne deshebrada de cerdo y *porchetta*, los sándwiches cubanos con queso suizo, y la falda de vacuno al estilo judío. Hay que buscar el cerdo en luces de neón. (www.facebook.com/meatandgo krakow)

Veganic
VEGETARIANA €€

16 PLANO P. 114, C3

La iluminación escueta y la decoración espartana ayudan a concentrarse solo en la formidable comida. El *tempeh* ahumado con puré de salsifí y la berenjena con fuerte sabor a *umami* y salsa de miso de cacahuete silenciarán a quienes vean las verduras como mera guarnición de la carne. Se pueden acompañar con *kombucha* y cócteles sin alcohol. (www.veganic.restaurant)

Smakołyki
POLACA €

17 🍴 PLANO P. 114, D5

Si alguien quiere ponerse las botas con *pierogi* por cuatro duros debería ir a este restaurante de delante del Planty, al lado de la Universidad Jagellónica. Smakołyki, que significa "sorpresas" en polaco, está lleno de ellas. Aunque la comida no es estrictamente tradicional polaca, es sana y deliciosa, y el gran ventanal es ideal para ver a la gente pasar. (www.smakolyki.eu)

Mr Pancake
ESTADOUNIDENSE €

18 🍴 PLANO P. 114, C4

Cafetería retro con una estrambótica tipografía y una carta llena de pecaminosas maravillas: pilas de tortitas cubiertas con cualquier ingrediente imaginable, hamburguesas enormes y *pizza* con ingredientes inauditos (¿a alguien le apetece una Flamin' Hot Cheetos Chicken?). (https://mrpancake.pl)

Trattoria Mamma Mia
ITALIANA €€

19 🍴 PLANO P. 114, D4

El escueto interiorismo de pared a ladrillo visto y un horno de leña del que salen *pizzas* de masa fina han hecho que este lugar tenga una parroquia de incondicionales. También sirve buenos platos de pasta, de carne y de pescado (https://mammamia.net.pl)

Bar Mleczny Miła
POLACA €

20 🍴 PLANO P. 114, C4

Típico *bar mleczny* que sirve versiones de clásicos polacos, económicos y comestibles. Basta con acercarse al mostrador con una bandeja de plástico, señalar lo que apetezca comer y encontrar un sitio libre. Los menús diarios al mediodía (12 PLN) salen muy a cuenta porque incluyen una sopa y un plato principal.

Dónde beber

Mercy Brown
COCTELERÍA

Este bar escondido (véase **17** 🍴 plano p. 114, D5) demuestra el poder del boca a boca. Encontrarlo es difícil —pero es tan popular que hace falta reservar para poder entrar—. El encanto es evidente: ambiente de la década de 1920, con lámparas de araña con luz tenue, sillones afelpados y una barra larga repleta de licores. Los espectáculos mensuales de *burlesque,* los conciertos de *jazz* y los cócteles de autor prometen una experiencia única.

Green Island Cafe
CAFETERÍA

21 🚊 PLANO P. 114, C3

Cafés elaborados por expertos, y desayunos *yuppies* como tostada con aguacate y tostada francesa se sirven en un interior molón con aire escandinavo y lleno de plantas. (www.instagram.com/greenislandcafe)

Stary Port
PUB

22 🚊 PLANO P. 114, D5

Espacioso *pub* de tema náutico con una amplia carta de rones. Mapas, banderas y objetos *kitsch* navales adornan las paredes; los fines de semana se cantan can-

Oeste de Cracovia Dónde beber

Café Szafé.

ciones marineras. Su popularidad está más que justificada por los conciertos de los viernes y esas copas tan económicas pese a lo cerca que está del centro. Se entra al Stary Port por ul Jabłonowskich. (www.staryport.com.pl)

Café Szafé CAFÉ

23 PLANO P. 114, C6

Este colorido café depara muchas sorpresas, desde caprichosos seres esculpidos que acechan en cualquier rincón a las enigmáticas obras que cuelgan de las paredes. Programan conciertos, sesiones de cine y demás actos artísticos. (www.facebook.com/KawiarniaCafe Szafe)

Body Espresso Bar CAFETERÍA

24 PLANO P. 114, C4

Lugar elegante y minimalista para empezar el día con uno de los mejores *espressos* del oeste de Cracovia. Los pasteles tampoco están mal. (www.facebook.com/body. espressobar)

Piwiarnia Warka PUB

25 PLANO P. 114, C2

Este informal *pub*-restaurante está en una de las calles más transitadas de Cracovia pero su anexo al aire libre queda lo bastante resguardado como para observar a la gente sin perder intimidad. Muy popular los días de partido de fútbol. El picoteo, las *pizzas* y las hamburguesas también están bien. (www.facebook.com/Piwiarnia Krakow)

CK Browar
MICROCERVECERA

26 PLANO P. 114, D4

Los cerveceros convencidos acuden a esta microcervecera subterránea con una enorme sala. Fabrican *in situ* su propia cerveza según una antigua receta austro-húngara y la sirven directamente de los tanques a las copas. (www.ckbrowar.krakow.pl)

Ocio

Filarmónica de Cracovia
MÚSICA CLÁSICA

27 PLANO P. 114, D6

Es la sede de una de las mejores orquestas de Polonia. La programación está en la web. Las entradas se compran en las taquillas durante el horario comercial o 1 h antes del concierto. (www.filharmonia.krakow.pl)

Kino Kijów Centrum
CINE

28 PLANO P. 114, B6

Muy querido por su diseño y arquitectura comunista, es uno de los muchos cines independientes de Cracovia. También tiene un café (10.00-22.00) y un club con actuaciones en directo. Tiene varias salas pequeñas y medianas, y una para más de 800 personas (la más grande de Cracovia). (www.kijow.pl)

De compras

Massolit Books & Cafe
LIBROS

29 PLANO P. 114, C6

Emporio de libros en inglés, nuevos y de segunda mano. La zona de la cafetería empieza entre las estanterías y se extiende a una sombría sala trasera. Tiene muchos libros de autores polacos y centroeuropeos traducidos. (www.massolit.com; ul)

Dydo Poster Gallery
ARTE

30 PLANO P. 114, B6

Los polacos tienen fama en todo el mundo por la calidad y maestría de sus pósteres. Y aquí venden algunos de los mejores, retro o históricos, pero también los hay más modernos. (www.dydoposter gallery.com)

Stary Kleparz
MERCADO

31 PLANO P. 114, F3

Este extenso mercado cubierto, del s. XII, es el lugar más evocador e histórico para comprar fruta, verduras y flores. También vende carnes, quesos, especias y pan, además de ropa y otros productos. (www.starykleparz.com)

Explorar

Este de Cracovia

Muy pocos son los visitantes que se dejan caer por el este de la ciudad. Aquí los puntos de interés son dispares y dispersos, desde los cementerios más distinguidos y la ópera a un interactivo centro de ciencias al aire libre. Más al este, en el barrio obrero de Nowa Huta, la magia medieval de Cracovia cede el paso a ejemplos de arquitectura realista socialista de la década de 1950, de refugios nucleares y de sueños comunistas de grandeza.

Lo esencial

○ **Nuevo cementerio judío (p. 127)** *Contemplar la infinidad de tumbas y la determinación de los supervivientes para recordar a los muertos.*

○ **Cementerio Rakowicki (p. 127)** *Embobarse con la maestría de las tumbas, desde las neogóticas de varios niveles a los ejemplos art nouveau.*

○ **Jardín Botánico (p. 128)** *Admirar plantas bíblicas, orquídeas y flora polaca amenazada.*

○ **Museo del Ejército Nacional Polaco (p. 128)** *Conocer la valiente resistencia clandestina del país contra los nazis durante la II Guerra Mundial.*

○ **Ópera Krakowska (p. 130)** *Añadir un poco de refinamiento musical al viaje.*

Como llegar y desplazarse

🚋 Las líneas nº 2, 3, 4, 5, 10, 14, 17, 19, 20, 44, 50 y 52 pasan por la estación principal de trenes y las de autobuses.

🚋 Las líneas nº 3, 19 y 24 van más al sur hacia la Galería Kazimierz.

Plano de la zona en p. 126.

Jardín Botánico (p. 128). ERA FOTO/SHUTTERSTOCK ©

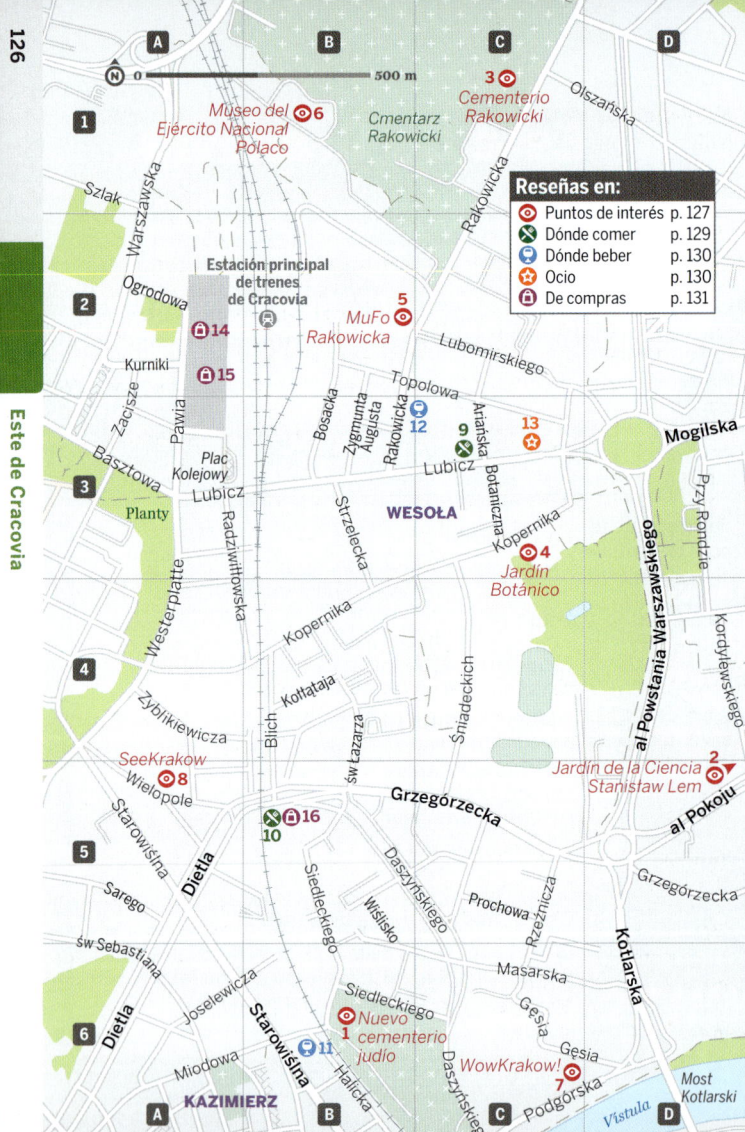

Este de Cracovia

Reseñas en:
- Puntos de interés p. 127
- Dónde comer p. 129
- Dónde beber p. 130
- Ocio p. 130
- De compras p. 131

0 — 500 m

Museo del Ejército Nacional Polaco 6
Cementerio Rakowicki 3
Olszańska
Cmentarz Rakowicki
Szlak
Warszawska
Rakowicka

Estación principal de trenes de Cracovia
14
Ogrodowa
MuFo Rakowicka 5
Lubomirskiego
Kurniki
15
Topolowa
Mogilska
Zacisze
Pawia
Bosacka
Zygmunta Augusta
Rakowicka
12
Lubicz
9
13
Ariańska
Przy Rondzie
Plac Kolejowy
Lubicz
WESOŁA
Botaniczna
Radziwiłłowska
Strzelecka
Kopernika
al. Powstania Warszawskiego
Jardín Botánico 4
Planty
Basztowa
Westerplatte
Kopernika
Kołłątaja
Śniadeckich
Kordylewskiego
SeeKrakow 8
Żyblikiewicza
Blich
św Łazarza
Jardín de la Ciencia Stanisław Lem 2
Wielopole
Grzegórzecka
al. Pokoju
Starowiślna
10 16
Dietla
Siedleckiego
Daszyńskiego
Wiślisko
Prochowa
Rzeźnicza
Grzegórzecka
Kotlarska
Sarego
św Sebastiana
Masarska
Dietla
Joselewicza
Starowiślna
Siedleckiego
Nuevo cementerio judío 1
Gęsia
Gęsia
WowKrakow! 7
Most Kotlarski
Miodowa
11
Halicka
Daszyńskiego
Podgórska
Vistula
KAZIMIERZ

Puntos de interés

Nuevo cementerio judío
CEMENTERIO

1 🎯 PLANO P. 126, B6

Este enorme cementerio (de 1800) fue el principal camposanto de la población judía de Kazimierz hasta la II Guerra Mundial. Los nazis destruyeron muchas de las losas sepulcrales pero en los muros del cementerio se pueden ver algunas lápidas recuperadas. Se conservan unas 9000 tumbas –muchas están desatendidas porque en el Holocausto murieron familias enteras–. Hay que seguir por ul Miodowa y pasar por debajo de un puente ferroviario para encontrar la pequeña verja de acceso al cementerio.

Jardín de la Ciencia Stanisław Lem
MUSEO

2 🎯 PLANO P. 126, D5

A los locos por la ciencia les va a encantar este parque interactivo 4 km al este de la Ciudad Vieja, dedicado al escritor polaco de ciencia ficción Stanisław Lem. Los artilugios expuestos al aire libre exploran algunas de las extrañas consecuencias de las leyes de la ciencia, la mecánica, la óptica y la acústica, e invitan a los visitantes a implicarse, ya sea mirando a través de prismas o golpeando *gongs*. Información en polaco y en inglés. (www.ogroddoswiadczen.pl)

Reflexionar en el nuevo cementerio judío

Cuando se pasea por las animadas calles de Cracovia, el Holocausto y la tragedia de la II Guerra Mundial para el pueblo judío parecen muy lejanos. Este cementerio olvidado, situado en una zona apartada del este de Cracovia, después de un paso subterráneo de trenes, conserva algo de la tristeza de esos días. Durante la guerra, los nazis lo destrozaron y usaron muchas de las lápidas como losas para pavimentar y material de construcción. Conmueve comprobar el esfuerzo que se ha hecho por restaurar el cementerio y por recuperar algunos restos.

Cementerio Rakowicki
CEMENTERIO

3 🎯 PLANO P. 126, C1

Podría decirse que es el cementerio más prestigioso de la ciudad y la última morada de polacos distinguidos como la poeta y ensayista Wisława Szymborska (1923-2012), ganadora del Premio Nobel de Literatura en 1996. Al pasear por el recinto se verán lápidas exquisitamente trabajadas; algunas son verdaderas obras de arte. (www.zck-krakow.pl)

Escapadas a la playa desde el este de Cracovia

En Cracovia también hay playas a las que escapar en verano. En el autobús nº 127 o en el tranvía nº 20 se puede ir hasta Rzebika y desde allí al **lago Bagry,** 5 km al sureste de la Ciudad Vieja. Se puede alquilar una tabla de surf de remo en **SUP Kultura** (www.supkultura. com) y remar por el embalse artificial, salir a nadar o ver un partido de voleibol, echarse una siesta en una hamaca o acercarse al parque de *food trucks* junto a la playa principal.

Unos 12 km al este del centro, **Przystań Brzegi** atrae a los bañistas con su larga playa de arena, entre dos embalses, vigilada por socorristas. Los fines de semana de verano es un hervidero, gracias a los torneos de voleibol, las atracciones hinchables, una máquina gigante de hacer espuma y los botes de remo, kayaks y patines. Las mañanas de entresemana es mucho más tranquilo. Para llegar, hay un servicio especial de autobuses (jun-ago, tres diarios) que sale de los alrededores de Galeria Krakowska.

Jardín Botánico
JARDÍN

4 PLANO P. 126, C3

Pertenece a la Universidad Jagellónica y ocupa casi 10 Ha de paraíso verde y florido. Además de flores preciosas, el jardín cuenta con fascinantes plantas medicinales, especies de flora polaca en peligro de extinción y plantas descritas en la Biblia. La colección de orquídeas data de de la década de 1860. (www.ogrod.uj.edu.pl)

MuFo Rakowicka
GALERÍA

5 PLANO P. 126, B2

Es el único museo de Polonia dedicado a la fotografía. La filial principal del MuFo (hay otros dos en otros sitios) abrió en el 2021 en unos antiguos cuarteles austríacos. La exposición permanente quiere responder a la pregunta "¿Qué hace la fotografía?", con más de 1000 objetos que exploran la fotografía como testigo de la historia, como herramienta esencial diaria en el presente y como manera íntima de conservar recuerdos. (https://mufo.krakow.pl)

Museo del Ejército Nacional Polaco
MUSEO

6 PLANO P. 126, B1

El objetivo de este museo es explicar la historia del "Ejército Nacional" polaco, que fue una milicia clandestina que defendió el Estado polaco durante la II Guerra Mundial, cuando el país estaba ocupado por los alemanes y los soviéticos. La exposición permanente destaca las experiencias personales de los soldados y el papel del Ejército por conservar la identidad nacional. (www.muzeum-ak.pl)

WowKrakow! AUTOBÚS

7 PLANO P. 126, C6

Popular circuito en autobús que permite subir y bajar a voluntad en 15 zonas de interés de la ciudad. Los autobuses salen cada hora de cerca de la Galeria Kazimierz. Horarios y ruta actualizados en la web. (www.wowkrakow.pl)

SeeKrakow CIRCUITOS

8 PLANO P. 126, A5

Es el mayor turoperador de Cracovia y ofrece varios circuitos guiados por los principales lugares de interés. Más información en la web. (www.seekrakow.com)

Dónde comer

Novum Bistro POLACA €€

9 PLANO P. 126, C3

Uno de los mejores restaurantes de esta zona, propone platos tradicionales pero difíciles de encontrar como los arroces con conejo y venado, y clásicos como filetes, pastas y hamburguesas. Los dueños se enorgullecen de su atípica carta de vinos y cócteles. También sirven buenos desayunos y menús al mediodía. (www.facebook.com/novumbistro)

Lago Bagry (p. 128).

Un lugar tranquilo de noche

Cuando oscurece, casi todo el este de Cracovia echa la persiana. Hay pocos clubes y restaurantes, y es más probable que uno salga a cenar por aquí si se hospeda en un hotel del barrio. La parte del distrito más próximo a Kazimierz es la que tiene más *pubs* y bares decentes. Mención aparte merecen los melómanos, que podrán ver algún montaje de la Opera Krakowska, en una modernísima sede, emplazada en la punta oriental del distrito.

Puesto de salchichas en Hala Targowa
COMIDA CALLEJERA €

10 🏷 PLANO P. 126, B5

El mejor colofón a una noche de copas es hacerse con un bocadillo de salchicha a la brasa de la furgoneta azul aparcada delante del Unitarg Hala Targowa. Estos dos señores montaron este puesto en 1991 y, desde entonces, no ha dejado de triunfar. Hay que hacer cola (que avanza sorprendentemente rápido).

Dónde beber

Zaraz Wracam Tu
COCTELERÍA

11 🚋 PLANO P. 126, B6

Sencilla coctelería célebre por la calidad y variedad de sus chupitos. El interior es lo bastante grande para grupos, y hay puntuales noches de discoteca y conciertos. (www.facebook.com/zarazwracamtu)

Wesoła Cafe
CAFÉ

12 🚋 PLANO P. 126, C3

Cafés excelentes y una carta completa de desayunos y almuerzos con opciones vegetarianas y sin gluten. El ambiente es movido pero agradable porque son los vecinos los que entran y salen para tomar una taza o un bocado durante la pausa laboral. (www.wesolacafe.pl)

Ocio

Opera Krakowska
ÓPERA

13 ⭐ PLANO P. 126, C3

La Ópera de Cracovia actúa en un moderno edificio en la rotonda de Mogilskie. El entorno no puede ser más del s. XXI pero la programación abarca todas las épocas, desde Giuseppe Verdi a Leonard Bernstein. (www.opera.krakow.pl)

Unitarg Hala Targowa.

De compras

Galeria Krakowska
CENTRO COMERCIAL

14 🔒 PLANO P. 126, A2

Este enorme centro comercial, cerca de la estación de trenes, cuenta con 270 tiendas; interesantes para el viajero son la zona de restauración y la librería. (www.galeriakrakowska.pl)

Krakowski Kredens
COMIDA Y BEBIDA

15 🔒 PLANO P. 126, A2

Hay que entrar a la "Alacena de Cracovia" para encontrar frascos con sopas tradicionales y otros fantásticos recuerdos comestibles como setas marinadas, miel de plantas aromáticas, mostaza picante y uva espina en conserva. (www.krakowskikredens.pl)

Unitarg Hala Targowa
MERCADO

16 🔒 PLANO P. 126, B5

Este mercado ya no es lo que era, sino una tienda de comestibles con un mercado de frutas y verduras por encima de la media. Los domingos por la mañana acoge puestos de trastos viejos a los que acude toda la ciudad. Es divertido para ver a la gente y quizá encontrar algo que vale la pena. Mejor ir antes de las 9.00.

Circuito a pie 🚶

Paraíso obrero en Nowa Huta

El barrio periférico de Nowa Huta ("Nueva Siderurgia") se construyó en la década de 1950 en torno a una descomunal planta siderúrgica, antaño el mayor contaminante de Cracovia. Es un ejemplo muy bien conservado de arquitectura del realismo socialista de la década de 1950 y de los sueños de grandeza comunistas, con sus amplios bulevares, sus edificios colmena retro y sus iglesias brutalistas junto a refugios antinucleares.

Cómo llegar

Nowa Huta está 5 km al este de la Ciudad Vieja.

🚋 Líneas nº 4, 10, 22, 44 hasta Plac Centralny.

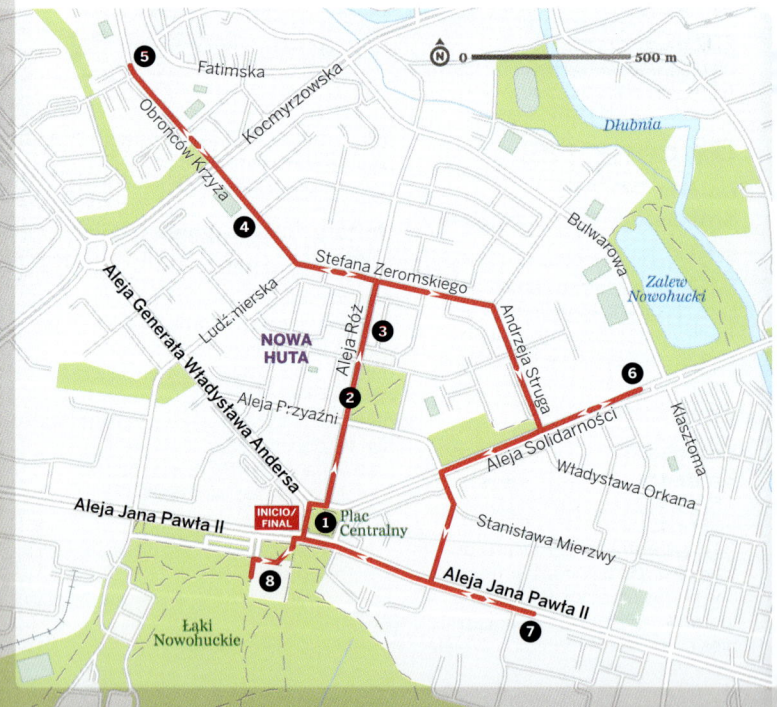

❶ Plaza de Ronald Reagan

Hay que apearse del tranvía en **Plac Centralny,** enorme plaza construida en 1949, que llevaba el nombre de Stalin y estaba presidida por una estatua de Lenin. Después se cambió el nombre por el del expresidente de EE UU.

❷ Pasaje de las Rosas

La avenida central, **Aleja Róż,** es un paseo ajardinado, donde se intuyen las intenciones de los urbanizadores por ensalzar a los obreros.

❸ Museo de Nowa Huta

El **Museo de Nowa Huta** (www. mprl.pl), alojado en el cine Światowid de estilo realista socialista de la década de 1950, cuenta con un búnker en el sótano y exposiciones temporales sobre la vida en la era comunista.

❹ Teatro para el Pueblo

Las décadas de 1950 y 1960 fueron períodos de experimentación arquitectónica y teatral. El **Teatr Ludowy** (www.ludowy.pl) bordó las dos, con un sorprendente exterior realista socialista y una atrevida programación.

❺ Iglesia para los Obreros

La **Arka Pana** (www.arkapana.pl), de estilo brutalista, fue la primera iglesia del barrio, construida en 1977 tras las protestas obreras. Se recomienda ver el hipnótico vitral y una roca lunar, que trajo el *Apollo 11,* en el tabernáculo.

❻ Nowa Huta Underground

Al noreste de Plac Centralny, **Nowa Huta Underground** (www. muzeumkrakowa.pl) focaliza su atención en la extensa red de refugios antinucleares del barrio, construidos en las décadas de 1950 y 1960. El museo subterráneo captura la tensión de la época con sus muestras sobre defensa civil y los refugios en todo el mundo.

❼ Salir a comer al estilo de 1980

En Nowa Huta no hay muchos sitios donde comer pero el **Bar Mleczny Szkolny,** una cafetería de las de antes, está bien para unos *pierogi* y un guiso de repollo.

❽ Nowohuckie Centrum Kultury

Dos **galerías** (https://nck.krakow. pl/) exhiben las obras de Zdisław Beksiński y Jerzy Duda-Gracz, dos artistas polacos del s. XX. Los óleos de Beksiński cautivan con su temática de ruinas, guerra y descomposición, y Duda-Gracz se distingue por sus caricaturas humanas.

Merece la pena 🔭

Museo y monumento conmemorativo de Auschwitz-Birkenau

El campo de concentración y exterminio nazi de Auschwitz-Birkenau es sinónimo de genocidio y Holocausto. Más de un millón de judíos, y cientos de polacos y gitanos, fueron asesinados aquí por los nazis en la II Guerra Mundial. El campo principal Auschwitz I y otro mucho mayor en Birkenau (Auschwitz II) se han conservado y se pueden visitar.

www.auschwitz.org

Puerta principal de Auschwitz

El recorrido empieza en el centro de visitantes del campo principal con la proyección de un documental de 17 min sobre la liberación del complejo por las tropas soviéticas en 1945; no recomendable para menores de 14 años. Después se cruzan las aciagas puertas con el lema *"Arbeit Macht Frei"* ("El trabajo os hace libres") hasta el punto principal donde se juntaba a los prisioneros para pasar lista y dar la orden del día. El letrero es una réplica pues el original lo robaron, se recuperó y hoy se exhibe en el museo.

Exposiciones en los barracones

El grueso de las exposiciones del campo principal está en los antiguos barracones ("pabellones"), cada uno de los cuales tiene un número y trata sobre un tema, como la creación del campo, la confiscación de bienes personales, la vida cotidiana y la resistencia. Cada pabellón tiene su propia dosis de horrores, como fotos de los recién llegados en vagones ganaderos, sin saber que en breve morirían en las cámaras de gas; prótesis, gafas y zapatos de niños; pilas de maletas maltrechas con las direcciones escritas encima porque sus dueños creían que acabarían volviendo a casa. Horroriza el mar de pelo humano (pabellón 4) que cortaban a las víctimas (normalmente antes de asesinarlas) y que después utilizaban para fabricar material textil.

Pabellón 11: el Pabellón de la muerte

Es el temido "Pabellón de la muerte". Aunque la mayoría de los asesinatos en masa se llevaron a cabo en Birkenau, fue en este pequeño patio donde miles de víctimas murieron fusiladas frente al Muro de la Muerte. En el sótano están las celdas donde torturaban a los presos y los dejaban morir de hambre. Desde un extremo del recinto se puede entrar a una cámara de gas y un crematorio, el único que no destru-

★ Consejos

○ De abril a octubre es obligatorio participar en las visitas guiadas si se entra entre 10.00 y 15.00.

○ Un autobús gratuito comunica ambos campos cada 10 min (abr-oct), y cada 30 min (nov-mar). A pie solo son 2 km.

○ Casi todas las agencias de viajes de Cracovia ofrecen circuitos a Auschwitz-Birkenau desde 150 PLN por persona, con transporte y guía incluidos.

✗ Una pausa

○ Hay pocos bares con tentempiés cerca del aparcamiento principal, y un restaurante tipo cantina cerca de la entrada principal.

✗ Cómo llegar

○ 🚌 Salen de la estación de autobuses de Cracovia (14 PLN, 1¾ h).

○ 🚌 Circulan entre la estación principal de Cracovia y Oświęcim (20 PLN, 1¾ h), 1,6 km al norte de la entrada al museo.

yeron los nazis al huir, en un vano intento por encubrir sus crímenes.

Puerta principal y torre de Birkenau

Birkenau —el campo periférico más grande— está a 2 km al oeste del campo principal. La mayoría de las ejecuciones en masa se llevaron a cabo en esta vasta extensión, que los alemanes construyeron deliberadamente como campo de exterminio (en Auschwitz I se mantenía con vida a algunos prisioneros para que trabajaran como esclavos). Aunque los nazis en retirada destruyeron gran parte del campo al final de la guerra, los barracones que siguen en pie, el largo perímetro de la alambrada y las filas interminables de chimeneas dan una idea de la magnitud del genocidio. En el edificio principal de la entrada hay una pequeña exposición y una torre a la que se puede subir para ver el campo y las vías del tren.

Barracones de Birkenau

En Birkenau se da una vuelta por el campo, pasando por las diferentes secciones, las destinadas a los hombres, a las mujeres y una pequeña sección designada, diabólicamente, para las "familias". Aún se pueden ver las vías del tren que atravesaban el centro del recinto, alineadas para garantizar la máxima eficiencia en la entrega y distribución. Aquí se llevaba a cabo el proceso de selección: a algunos detenidos los mandaban a trabajar como esclavos y a vivir en la mugre de los barracones; a otros (sobre todo ancianos, enfermos y niños pequeños) los separaban y

Entrada de trenes a Auschwitz-Birkenau.

Breve historia del Holocausto

Es imposible expresar adecuadamente con palabras el exterminio nazi de la población judía de Europa, pero algo de contexto es esencial para entender lo que es en realidad Auschwitz-Birkenau.

Etapas iniciales
Al principio de la II Guerra Mundial, en 1940 y 1941, los nazis usaban campos como el de Auschwitz para encerrar a prisioneros políticos, también polacos. A los judíos polacos los confinaron en guetos construidos para tal fin en Varsovia, Łódź, Podgórze (Cracovia) y decenas de ciudades más. Las condiciones de vida en los guetos eran espantosas, y miles de personas murieron.

Del confinamiento al exterminio
Tras la declaración de guerra a la Unión Soviética en 1941, la política nazi sobre los judíos pasó de la reclusión al exterminio. El campo de Birkenau se construyó exclusivamente como campo de retención y exterminio. A finales de 1942 y principios de 1943, casi todos los judíos de Polonia habían sido asesinados. Los exterminios en Auschwitz-Birkenau se prolongaron durante 1944, aunque Alemania ya estaba perdiendo la guerra, pero entonces la mayoría de las víctimas eran judíos de otros países europeos, como Hungría y Francia.

Lecturas complementarias
Para profundizar sobre el Holocausto, hay muchos escritos eruditos y de vivencias personales que pueden ayudar. Destaca *Si esto es un hombre*, de Primo Levi; este judío italiano sobrevivió a la guerra como prisionero en el subcampo de Monowitz (Auschwitz), y llegó a convertirse en un escritor de renombre.

Para ver los campos desde un punto de vista polaco, puede leerse *This Way for the Gas, Ladies and Gentlemen*, de Tadeusz Borowski, que no era judío sino un prisionero político polaco.

enviaban directos a las cámaras de gas.

Baños centrales y cámaras de gas

En la parte de atrás del campo de Birkenau se pueden visitar los baños centrales y recorrer el mismo camino que seguían los prisioneros hacia las cámaras de gas. Cerca hay un monumento de piedra en recuerdo de los muertos, más las ruinas de las cámaras de gas, los hornos crematorios y otros lugares donde incineraban los cadáveres al aire libre y depositaban las cenizas en pequeños estanques.

Merece la pena 🔭
Mina de sal de Wieliczka

La mina de sal de Wieliczka, de siglos de antigüedad, y Patrimonio Mundial de la Unesco desde 1978, es un sobrecogedor mundo subterráneo de lagos y cámaras repletos de esculturas y bajorrelieves exquisitamente labrados en sal. El primer turista conocido que la visitó fue Nicolás Copérnico en 1493, y en 1868, parte de la mina se visitaba en coche de caballos.

www.kopalnia.pl

Capilla de Santa Kinga

La mayoría de visitantes opta por la ruta turística: un descenso por 380 escalones de madera (135 m de profundidad). La obra estelar es la capilla de Santa Kinga (en la foto), de 54 x 18 m, y 12 m de alto. Aquí todo, desde las lámparas de araña hasta los bajorrelieves murales con escenas del Nuevo Testamento, es de sal. Tardaron más de 30 años en completarla, y su acústica es tal que se han montado espectáculos operísticos.

Cámara de Erazm Barącz

Situada a 100 m, ha quedado parcialmente inundada por un lago de unos 9 m de profundidad. Sus aguas despiden un resplandor verde debido a su altísimo contenido salino.

Cámara de Stanisław Staszic

De 36 m de altura, sus dimensiones se pueden contemplar desde un mirador. Ha acogido eventos deportivos e incluso el vuelo bajo tierra de un globo aerostático.

Museo de Obras de Sal de Cracovia

La visita termina en este museo, alojado en 14 cámaras del tercer nivel. Vale la pena verlo por las obras maestras de Jan Mateiko y por esa sala llena de relucientes cristales de sal. Un ascensor minero le devuelve a uno al mundo exterior.

Ruta de los Mineros

Quien ya haya estado en la mina antes, debería plantearse abordar la Ruta de los Mineros, más inmersiva, y calzarse un equipo de minero estándar para visitar partes menos vistas de la mina y conocer tradiciones mineras. Los grupos de 20 visitantes parten del "Regis Shaft" (hueco Regis) cerca del centro de Wieliczka. El circuito dura 3 h.

★ Consejos

○ El circuito principal dura 2 h y cubre 3 km.

○ Llevar chaqueta o jersey. En la mina la temperatura es de 17°C.

○ Los circuitos en inglés salen cada 30 min de 8.30 a 18.00 en verano (menos frecuentes resto del año).

○ Comprar las entradas en línea con antelación, sobre todo para las visitas en inglés porque se agotan.

○ Varios operadores, como Cracow City Tours, organizan salidas hasta la mina a partir de 170 PLN por persona.

✕ Una pausa

○ En la **Miners' Tavern,** en la subterránea cámara de Budryk, sirven comida tradicional polaca.

★ Cómo llegar

○ 🚌 30 min desde la estación principal de autobuses.

○ 🚆 25 min desde la estación principal de trenes.

Guía práctica

Ciudad Vieja (p. 53). KASKIP/SHUTTERSTOCK ©

Antes de partir

Reservas

○ El aire acondicionado solo es necesario en julio y agosto.

○ Aparcar cerca del centro es complicado. Hay que asesorarse antes con el hotel.

○ Para ahorrar, se puede reservar una habitación en un albergue.

○ A quien le moleste el ruido debería pedir una habitación que no dé a la calle. Las habitaciones bajo tejado no son frescas en verano.

○ Los hoteles más caros a veces indican los precios en euros porque es más práctico pero la cuenta siempre se paga en złoty.

Webs

La mayoría de hoteles y albergues están en las grandes plataformas de reservas como Booking.com.

○ **Hostelworld** (www. hostelworld.com) Está bien para alojamientos económicos.

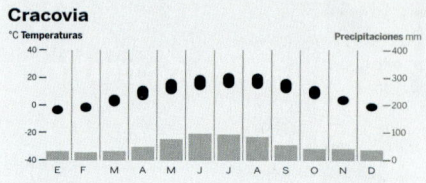

Cuándo ir

○ **Invierno (nov-mar)** Días cortos y oscuros y fuertes vientos. En Navidad y Año Nuevo se llena de turistas.

○ **Primavera (abr-jun)** En abril empieza la temporada turística. El alojamiento escasea en Semana Santa.

○ **Verano (jul y ago)** Sol y, a veces, calor. La Ciudad Vieja está abarrotada de turistas.

○ **Otoño (sep y oct)** Algunos días de sol pero fríos. Algunas atracciones cierran en invierno.

○ **Airbnb** (www.airbnb. com) Servicio global de alquiler de apartamentos y habitaciones muy activo en Cracovia.

○ **Lonely Planet** (lonelyplanet.com/poland/hotels) Recomendaciones y reservas.

○ **Noclegi** (https://noclegi.renters.pl) Práctico para apartamentos y estudios.

Alojamientos económicos

○ **Hostel Atlantis** (www.atlantishostel.pl) Muy bien situado en Kazimierz, con buena relación calidad-precio.

○ **Mundo Hostel** (www. mundohostel.eu) Esta gente sabe lo que es un buen albergue.

○ **Little Havana Party Hostel** (www.facebook. com/The-Little-Havana-Party-Hostel) Noches de fiesta en la Ciudad Vieja.

○ **Moon Hostel** (https://moonhostel.pl/pl/krakow) En Kazimierz, con habitaciones elegantes.

○ **Lemon Tree Hostel** (www.facebook.com/hostellemontree) Alojamiento acogedor en el oeste de Cracovia.

De precio medio

○ **U Pana Cogito** (www.pcogito.pl) Ubicado en una bonita casa solariega.

○ **Hotel Eden** (www.hoteleden.pl) El mejor de los hoteles privados que hay en Kazimierz.

○ **Plaza Boutique Hotel** (www.plazahotelkrakow.pl) Excelente relación calidad-precio en Podgórze.

○ **Hotel Pod Wawelem** (www.hotelpodwawelem.pl) Algunas habitaciones dan al Castillo Real de Wawel.

○ **Hotel Indigo** (www.hotelindigo.com) La antigua residencia del s. XIX del pintor Jan Matejko, con habitaciones llenas de arte.

De precio alto

○ **Metropolitan Boutique Hotel** (www.hotelmetropolitan.pl) Diseño moderno en una casa adosada del s. XIX.

○ **Hotel Stary** (www.stary.hotel.com.pl) Rezuma encanto, con detalles de época como vigas a la vista y suelos de madera.

○ **Hotel Copernicus** (https://copernicus.hotel.com.pl) Elegante

propuesta en Wawel, con vistas desde la terraza del tejado y un restaurante estelar.

○ **Hotel Pod Różą** (www.podroza.hotel.com.pl) "Viejo Mundo", con antigüedades y alfombras orientales.

Cómo llegar

Aeropuerto internacional Juan Pablo II

El moderno **aeropuerto** (www.krakowairport.pl) de Cracovia está en Balice, 15 km al oeste del centro. Operan todos los vuelos nacionales e internacionales y hay agencias de alquiler de vehículos, cajeros automáticos, una oficina de turismo y ventanillas de cambio de moneda.

○ **Tren** Conecta el aeropuerto con la estación principal de Cracovia (12 PLN, 20 min, cada 30 min). Circula de 4.00 a 24.00.

○ **Autobús** El nº 208 va del aeropuerto a la estación principal de

autobuses de Cracovia (5 PLN, 45 min, cada hora) entre 4.30 y 22.30.

○ **Taxi** Uno al centro cuesta 35-70 PLN y tarda unos 30 min.

Estación principal de trenes

Esta moderna **estación** (www.pkp.pl) está al noreste de la Ciudad Vieja, y se accede por el centro comercial **Galeria Krakowska** (www.galeriakrakowska.pl). Es principalmente subterránea pero está muy bien distribuida, con puestos de información y ventanillas de venta de billetes en varios niveles. La consigna (8 PLN al día) y las taquillas (grande/pequeña 14/10 PLN al día) están debajo del andén 5. Hay muchos cajeros automáticos, restaurantes y tiendas.

○ **A pie** La Ciudad Vieja está 10 min al sur por ul Pawia.

○ **Tranvía** Comunica la estación con la ciudad. La mayoría paran al sur de la estación, en los bordes septentrionales de la Ciudad Vieja, o por ul Pawia.

Estación de autobuses

La **estación de autobuses** (www.mda.malopolska.pl) está al lado de la principal de trenes. Se accede por esta última; hay que seguir las indicaciones. Cuenta con mostradores de venta de billetes y de información, consigna y máquinas automáticas. Casi todos los autobuses, nacionales e internacionales, llegan y salen desde aquí.

Cómo desplazarse

Tranvías y autobuses

o La **Agencia para el Transporte Público de Cracovia** (www.mpk.krakow.pl) gestiona la extensa red de transporte público de la ciudad.

o La red funciona de 5.00 a 23.00.

o Para viajar se necesita un billete válido, que se puede comprar en las máquinas automáticas (automat biletów) que hay a bordo o en paradas de tranvías/autobuses. Hay que validarlos a bordo.

o Consultar horarios y planos en www.mpk.krakow.pl; el portal krakow.jakdojade.pl está muy bien para saber cómo ir de un sitio a otro.

Taxis

o Son bastante económicos y una opción viable de desplazarse.

o Es mejor pedirlo por teléfono que pararlo en la calle. Hay que limitarse a los autorizados.

o Por ley los taxis están obligados a dar un recibo; siempre hay que pedirlo al final de la carrera. La bajada de bandera es de 7 PLN, más 2,39 PLN por km, que sube a 3,50 PLN/km de 22.00 a 6.00 y domingos.

o También funcionan los servicios de viajes compartidos de aplicaciones como Uber y Bolt (Taxify), quizá un poco más económicos que los taxis oficiales.

o Algunas compañías fiables de taxis que atienden en inglés por teléfono son **iTaxi** (www.itaxi.pl) y **Barbakan** (www.barbakan.krakow.pl).

Bicicleta y patinete eléctrico

o Cracovia es una ciudad relativamente fácil para moverse en bicicleta, aunque los automóviles y tranvías son un peligro.

Billetes y abonos

o Los billetes de tranvía y autobús sirven para ambos.

o Los billetes de ambos tienen validez desde 20/60 min (4/6 PLN) a 24/48/72 h (20/30/45 PLN).

o Se pueden comprar en las máquinas que hay a bordo de los vehículos o en las paradas de transporte más importantes. Algunas solo aceptan monedas pero otras también billetes y tarjetas de crédito.

o Hay que validar el billete en las máquinas del vehículo; suele haber inspecciones sorpresa y se aplican multas elevadas (240 PLN) si no se viaja con un título válido.

o Los carriles-bici orillan ambos lados del río y circunvalan la Ciudad Vieja por Planty.

o Hay varias agencias que ofrecen recorridos en bici; de las empresas de alquiler destacan **Dwa Koła** (www.dwakola.internetdsl.pl) y **Krk Bike Rental** (www.krkbikerental.pl).

o Los patinetes eléctricos están por doquier. Para usarlos hay que descargarse las aplicaciones Bolt o Tier. Bolt tiene bicicletas eléctricas en toda la ciudad.

Información esencial

Accesibilidad

o Cracovia ha mejorado mucho en cuestiones de accesibilidad para los viajeros con discapacidades en los últimos 10 años.

o Casi todos los edificios nuevos, como museos, galerías, centros comerciales y estaciones de trenes, son accesibles y cada vez hay más edificios antiguos reacondicionados.

o La plaza del Mercado y las calles aledañas ahora están habilitadas, con pavimento liso y rampas en los bordillos.

o Ya se puede acceder en silla de ruedas a la mina de sal de Wieliczka.

o Los bordillos altos y las escaleras (sobre todo en el castillo de Wawel) son un obstáculo. Los tranvías y autobuses más nuevos son accesibles, no así algunos tranvías viejos. Muchos edificios antiguos no están adaptados para sillas de ruedas.

o Se pueden consultar las guías gratuitas *Accessible Travel* de Lonely Planet en https://shop.lonely planet.com/products/accessible-travel-online-resources

Descuentos

La **KrakowCard** (www.krakowcard.com) se vende en línea o en puntos de información turística y cuesta 30/45/50 € para uno/dos/tres días. Permite viajar gratis en autobuses y tranvías y entrar gratis a 40 atracciones, como la Fábrica

de Schindler, Rynek Underground, el Museo Nacional, la iglesia de Santa María y la Farmacia Bajo el Águila (no al castillo de Wawel).

Dinero

La moneda oficial polaca es el złoty (PLN) y se divide en 100 groszy (gr). Los billetes son de 10, 20, 50, 100 y 200 PLN, y las monedas de 1, 2, 5, 10, 20 y 50 gr, y 1, 2 y 5 PLN. Conviene llevar encima monedas y billetes pequeños para pagar en tranvías y cafés.

Cajeros automáticos

o Los hay por doquier, sobre todo en las calles principales y los centros de los barrios.

o Aceptan casi todas las tarjetas internacionales.

o En lugar de cambiar dinero, sale más a cuenta retirarlo de un cajero (aunque mejor evitar Euronet y utilizar un cajero de un banco). El cambio es mejor que en los bancos o en las oficinas de cambio.

Efectivo

○ Se cambian divisas en bancos o *kantors* (oficinas privadas de cambio).

○ Están en las calles principales pero también en agencias de viajes, estaciones de trenes y oficinas de correos. Los tipos varían con lo que conviene ver varios antes.

○ Las *kantors* suelen abrir de 9.00 a 18.00 (lu-vi) y hasta las 14.00 (sa) pero algunas tienen horario más amplio y unas pocas abren 24 h.

Tarjetas de crédito

○ Las principales, como Visa y MasterCard, se aceptan en muchos sitios. Con las transacciones pequeñas (menos de 10 PLN) quizá haya problemas.

○ Se puede pagar con American Express en los hoteles más grandes y restaurantes, pero es una tarjeta menos reconocida.

Propinas

○ Si el servicio es bueno, en los restaurantes se suele dejar el 10%

de propina en la caja donde entregan la cuenta o dársela en mano al camarero.

○ También se da un 10% a peluqueros, guías turísticos y demás servicios personales.

○ Los taxistas no esperan propina, pero no está mal redondear al alza al 5 o 10 PLN más cercano si el conductor es bueno.

Tipos de cambio

Europa	1 €	4.37 PLN
EE UU	1 US$	3.99 PLN

Tarifas de cambio actualizadas en www.xe.com.

Electricidad

Tipo E
220V/50Hz

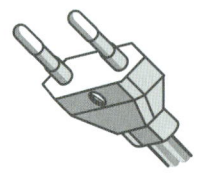

Tipo C
220V/50Hz

Fiestas oficiales

Año Nuevo 1 de enero

Epifanía 6 de enero

Domingo de Resurrección Marzo o abril

Lunes de Pascua Marzo o abril

Fiesta Nacional 1 de mayo

Día de la Constitución 3 de mayo

Domingo de Pentecostés Séptimo domingo después de Pascua

Corpus Christi Noveno jueves después de Pascua

Asunción de la Virgen 15 de agosto

Día de Todos los Santos
1 de noviembre

Día de la Independencia
11 de noviembre

Navidad 25 y 26 de diciembre

Horario comercial

Casi todos los establecimientos se ciñen al siguiente horario. Los centros comerciales abren más horas, y de 9.00 a 20.00 los fines de semana. Los museos suelen cerrar los lunes y, a veces, abren menos horas en temporada baja.

Bancos 9.00-16.00 (lu-vi), hasta 13.00 (sa)

Oficinas 9.00-17.00 (lu-vi), hasta 13.00 (sa)

Oficinas de correos 8.00-19.00 (lu-vi), hasta 13.00 (sa)

Restaurantes 11.00-22.00

Tiendas 8.00-18.00 (lu-vi), 10.00-14.00 (sa)

Información turística

○ **InfoKraków** (www.infokrakow.pl), la oficina oficial de turismo, ofrece planos gratuitos y ayuda con el alojamiento y el transporte.

○ Hay oficinas en muchos puntos turísticos, como la **Lonja de los Paños,** la **Ciudad Vieja** y el **aeropuerto.**

○ **In Your Pocket** (www.inyourpocket.com) actualiza con regularidad su guía de recomendaciones de Cracovia.

Lavabos públicos

○ Están señalizados como *"toaleta"* o *"WC"* y suelen estar limpios y cuidados.

○ Los hombres tienen que buscar el *"dla panów"* o *"męski",* o una puerta con un triángulo.

○ Las mujeres tienen que ir a *"dla pań"* o *"damski",* o una puerta señalizada con un círculo.

○ El encargado que hay sentado a la puerta suele cobrar 5 PLN. Conviene llevar suelto.

Teléfono
Llamadas nacionales e internacionales

○ El prefijo de Polonia es ☎48.

○ Los números de teléfono tienen nueve dígitos. En llamadas interurbanas nacionales no hace falta marcar el ☎0, solo los nueve dígitos.

○ Para llamar al extranjero desde Polonia, marcar el prefijo internacional ☎00, el del país y el de la zona,

Consejos para ahorrar

○ Procurar que el almuerzo sea la comida principal del día. Muchos restaurantes tienen menús de dos y tres platos a buen precio.

○ Aprovechar los restaurantes vegetarianos estudiantiles y los tradicionales *bar mleczny* ("bares de leche"), donde sirven comidas copiosas por 20 PLN.

○ Muchos museos tienen un día gratis a la semana.

○ Si se va a viajar mucho en tranvía, los abonos de 24, 48 y 72 h salen mucho más a cuenta que los billetes sencillos.

Qué hacer y qué no

○ **Ropa** Para visitar Cracovia, lo normal es vestir ropa cómoda e informal. Para ir a la ópera o cenar a un buen restaurante hay que vestir elegante. Para entrar en los clubes, se recomienda ir arreglado.

○ **Religión** En iglesias y monasterios se debe ser respetuoso, permanecer en silencio y vestir de una forma adecuada, p. ej. con rodillas y hombros cubiertos (para hombres y mujeres). No hacer fotos con *flash* y dejar un pequeño donativo en la puerta.

○ **Transporte público** No bloquear la puerta en tranvías abarrotados. Ceder siempre el asiento si se lo piden al viajero.

○ **Saludos** Al llegar, se saluda con un cordial *dzień dobry!* Y al marcharse, despedirse con un *do widzenia!*

○ **Comer y beber** Para brindar con los amigos se dice *na zdrowie!* (¡salud!). Antes de comer, se desea *smacznego!* (¡qué aproveche!). Y cuando se termina, se dice *dziękuję* (¡gracias!).

y el número. Para llamar a Polonia desde el extranjero, marcar el prefijo internacional del país del que se llama, el 📞48 y el número local de nueve dígitos.

Móviles

○ Polonia usa la red GSM 900/1800, igual que el resto de Europa. Los teléfonos americanos funcionarán en Polonia si son tribanda y el operador

del servicio permite la itinerancia internacional.

○ Si las tarifas de itinerancia para datos y llamadas son caras, sale más económico instalar una SIM local de prepago. Las venden por 15 PLN y son fáciles de instalar.

○ Antes de comprar una tarjeta SIM, hay que comprobar que el teléfono esté liberado (o sea, que acepta SIM extranjeras).

Urgencias

Prefijo de Polonia	📞48
Urgencias (general)	📞112
Ambulancia	📞999
Policía	📞997
Bomberos	📞998

Viaje seguro

En general Cracovia es una ciudad segura, pero como es un destino turístico importante, carteristas los hay; conviene estar alerta en zonas públicas concurridas.

○ En verano, se forman largas colas en lugares clave como la Fábrica de Schindler y el castillo de Wawel.

○ En algunos puntos de interés se puede comprar la entrada antes en línea o asignan una franja horaria.

Viajeros LGTBIQ+

La actitud de los polacos hacia las personas LGTBIQ+ sigue siendo, en general, negativa, y aunque la homosexualidad es legal, tanto la Iglesia católica como el Gobierno conservador actual se han opuesto a iniciativas que normalizarían dicho colectivo a nivel social.

○ Se aconseja a los visitantes LGTBIQ+ ser discretos y abstenerse de manifestaciones de afecto en público.

○ Cracovia tiene una población LGTBIQ+ pequeña pero activa, con algunos bares y clubes acogedores que cambian con bastante frecuencia.

Visados

○ Los ciudadanos de la UE no lo necesitan y pueden quedarse en Polonia indefinidamente.

○ Los ciudadanos de EE UU y otros muchos países pueden quedarse en Polonia 90 días (máx.) sin visado.

○ Otras nacionalidades deberían consultar los requisitos de visado con la embajada o consulado polaco de su país.

○ Más información en la web del **Ministerio de Asuntos Exteriores** (www.gov.pl/web/diplomacy) de Polonia.

Idioma

Polonia es uno de los países lingüísticamente más homogéneos de Europa –más del 95% de la población habla polaco como primer idioma–. El polaco pertenece a la familia de lenguas eslavas, siendo el checo y el eslovaco sus parientes más cercanos. Lo hablan unos 45 millones de personas.

Las vocales se pronuncian cortas generalmente, como "recortadas".

Para que el viaje cunda más con una guía de conversación, visitar **lonelyplanet.com.**

Lo básico

Hola.
Cześć.

Adiós.
Do widzenia.

Si./No.
Tak./Nie.

Por favor./De nada.
Proszę.

Gracias.
Dziękuję.

Disculpe./Perdón.
Przepraszam.

¿Cómo está?
Jak pan/pani się miewa? (m/f)

Bien ¿Y usted?
Dobrze. A pan/pani? (m/f)

¿Habla inglés?
Czy pan/pani mówi po angielsku? (m/f)

No entiendo.
Nie rozumiem.

Comida y bebida

Podría ver la carta, por favor.
Proszę o jadłospis.

No como carne.
Nie jadam mięsa.

¡Salud!
Na zdrowie!

La cuenta, por favor.
Proszę o rachunek.

De compras

Quisiera comprar...
Chcę kupić...

Solo estoy mirando.
Tylko oglądam.

¿Cuánto cuesta?
Ile to kosztuje?

Es demasiado caro.
To jest za drogie.

¿Puede bajar el precio?
Czy może pan/pani obniżyć cenę? (m/f)

Urgencias

¡Ayuda!
Na pomoc!

¡Váyase!
Odejdź!

¡Llame a la policía!
Zadzwoń po policję!

¡Llame a un médico!
Zadzwoń po lekarza!

Me he perdido.
Zgubiłem/am się. (m/f)

Estoy enfermo.
Jestem chory/a. (m/f)

¿Dónde está el baño?
Gdzie są toalety?

Hora y números

¿Qué hora es?
Która jest godzina?

Es la una.
Pierwsza.

(Las 10) y media.
Wpół do (jedenastej).

mañana	rano
tarde	popołudnie
noche	wieczór

ayer	wczoraj
hoy	dziś/dzisiaj
mañana	jutro

1	*jeden*
2	*dwa*
3	*trzy*
4	*cztery*
5	*pięć*
6	*sześć*
7	*siedem*
8	*osiem*
9	*dziewięć*
10	*dziesięć*

Transporte y direcciones

¿Dónde hay un/el ...?
Gdzie jest ...?

¿Cuál es la dirección?
Jaki jest adres?

**¿Me lo puede enseñar
(en el mapa)?**
*Czy może pan/pani mi pokazać
(na mapie)?* (m/f)

**¿Cuándo pasa el siguiente
(autobús)?**
Kiedy jest następny (autobus)?

Un billete (a Katowice).
Proszę bilet (do Katowic).

Entre bastidores

Actualización y sugerencias

Si el lector encuentra cambios en los lugares descritos u otros recién inaugurados, le agradeceremos que escriba a Lonely Planet en www.lonelyplanet.com/contact/guide book_feedback/new para mejorar la próxima edición. Todos los mensajes se leen, se estudian y se verifican. Quienes escriban verán su nombre reflejado en el capítulo de agradecimientos de la siguiente edición. Determinados fragmentos de la correspondencia de los lectores podrían aparecer en nuevas ediciones de las guías Lonely Planet, en la web de Lonely Planet, así como en la información personalizada. Se ruega a todo aquel que no desee ver publicadas sus cartas ni que figure su nombre que lo haga constar.

Reconocimientos

Fotografía de cubierta: Basílica de Santa María, lukaszmalkiewicz.pl/Shutterstock ©
Fotografía de contracubierta: Liliya Kandrashevich/Shutterstock ©
Fotografías pp. 32-33 (en sentido horario desde arriba izda.): martin-dm/Getty Images; Nowaczyk/Shutterstock; Strikernia/Shutterstock ©

Índice

Véanse también los subíndices:

✕ **Dónde comer p. 156**
🍺 **Dónde beber p. 156**
★ **Ocio p. 157**
🔒 **De compras p. 157**

II Guerra Mundial 134-137

A

abadía benedictina de San Pedro y San Pablo 17
accesibilidad 145
aeropuerto internacional Juan Pablo II 143
aeropuertos 143
Aleja Róż 133
alojamiento 142-143
ámbar 14, 50, 51, 75
antiguo cementerio de Podgórze 103
Arka Pana 133
arquitectura 20-21, 58-59, 117, 132-133
art nouveau 20, 55, 61, 68, 117
arte 19
Auschwitz-Birkenau, Museo y monumento conmemorativo de 134-137
autobús 144, 145

B

Bagry, lago 128
bar mleczny 10, 73
barbacana 66
bares 12, 13

bares de leche *(bar mleczny)* 10, 73
basílica de la Santa Trinidad 65
basílica de San Francisco 46
basílica de Santa María 54-55
Bednarski, parque 107
bicicleta 67, 144
bomberos 148

C

cafés 12
cajeros automáticos 145
cambio de moneda 145, 146
Castillo Real de Wawel 38-41
catedral de Wawel 50
cementerio Rakowicki 127
cementerio Remuh 86
cerveza 12, 13
ciclismo 67, 144
circuitos 25, *véase también* circuitos a pie
circuitos a pie 25, 90
Ciudad Vieja 60-61, **60**
colina de Wawel 42-43, **42**

Kazimierz 80-81, 82-83 **80, 82**
Nowa Huta 132-133, **132**
Podgórze 102-103, **102**
Ciudad Vieja 53-75, **62**
circuito a pie 60-61, **60**
de compras 75
dónde beber 71-73
dónde comer 67-71
itinerario 60-61, **60**
ocio 73-74
puntos de interés 54-59, 64-67
transporte 53
clima 142
Colina de Wawel y alrededores 37 51, **44**
circuito a pie 42-43, **42**
de compras 51
dónde beber 50
dónde comer 47-50
itinerarios 42-43, **42**
ocio 50-51
puntos de interés 38-41, 45-47, 50
transporte 37

Collegium Maius 58-59
comida 10-11, 93, 96, *véase también subíndice* Dónde comer *de cada barrio*
compras 14-15, *véase también* mercados, *y subíndice* De compras *de cada barrio*
Cracow City Tours - Plac Matejki 119
Cricoteka 106-107
cuándo ir 142

D

da Vinci, Leonardo 19, 64
Delicious Poland 67
dinero 145-146, 147
discapacidades, viajeros con 145
dónde beber 12-13, *véase también subíndice* Dónde beber *de cada barrio*

E

económico 10, 145, 146
electricidad 146
estación de autobuses de Cracovia 144

vidrieras 20, 43, 45, 55, 117

Z

Zakrzówek, cantera 119

zapiekanka 10, 93

⊗ Dónde comer

A

Alchemia od Kuchni 93

Antler Poutine & Burger 71

Ariel 94

Art Restaurant 47

Artesse 68

B

Bagelmama 79

Bar Grodzki 48

Bar Mleczny Miła 121

Bistro The Hours 70

Bottiglieria 1881 89

C

Cakester 69

Charlotte Chleb i Wino 71

Chimera Salad Bar 69

Chinkalnia 92

CK Browar 90

Cyrano de Bergerac 68

D

Dawno Temu Na Kazimierzu 91

Dynia 120

F

Farina 68

Fiorentina 48

G

Gate of India 48

Glonojad 119

Good Lood 93

Goose Restaurant 108

H

Hamsa 90

Hana Sushi 92

Hawełka 70

Hummus Amamamusi 92

Hype Park 93

J

Jama Michalika 68

Jinling Dumpling 94

K

Karakter 91

Klezmer-Hois 93

Kochanka 90

Krako Slow Wines 108

Kuchnia u Babci Maliny 71

Kuchnia u Doroty 92

KuKu Taiwan Bistro 71

M

Magia Cafe Bar 55

Makaroniarnia 109

Mazaya Falafel 109

Meat & Go 120

Milkbar Tomasza 73

Miód Malina 48

Mirror Pierogi Bystro 90

Molám Thai 119

Mr Pancake 121

N

Nota Resto 67

Novum Bistro 129

O

Orzo 109

P

Paul's Place 69

Pho Ever 92

Pierwszy Stopień 91

Pimiento 70

Plac Izaaka 93

Pod Aniołami 48

Polskie Smaki 73

puesto de salchichas en Hala Targowa 130

R

Restauracja Four 119

Restauracja Pod Baranem 91

S

Salute! 108

Sąsiedzi 90

Skwer Judah 93

Smak Ukraiński 48

Smaki Gruzi 90

Smakołyki 121

Starka 94

T

Trattoria Mamma Mia 121

U

Urara Sushi 71

V

Veganic 120

W

With Fire & Sword 109

Z

Zakładka Food & Wine 108

Złote Serce 108

⊙ Dónde beber

Alchemia 96

Artefakt Cafe 95

Bar Mleczny Szkolny 133

Body Espresso Bar 122

B.O.H.O. Coffee & Bar 57

Bonobo 72

BroPub 50

Café Camelot 71

Café Noworolski 61

Café Philo 72

Cafe Pianola 50

Café Szafe 122

Cawa 111

Cheder 95

CK Browar 123

Czarna Owca 96

Drukarnia 110

Dziórawy Kocioł 50

Europejska 61

Feniks 61

Forum Przestrzenie 110

Green Island Cafe 121

Hevre 94

House of Beer 73

Indalo Cafe 50

Karma Coffee Roastery 96

Puntos de interés **000**
Planos **000**

Notas